高等职业教育大数据与会计专业数智化教学改革教材

管理会计岗位综合实训

GUANLI KUAIJI GANGWEI ZONGHE SHIXUN

主编◎单松　胡越君　高琳

副主编◎邵梅媛　马靖杰　毛燕羚　黄华晶

主审◎刘青

图书在版编目(CIP)数据

管理会计岗位综合实训 / 单松，胡越君，高琳主编.
上海：立信会计出版社，2024.6. -- ISBN 978-7-5429-7654-3(2025.1重印)

Ⅰ. F234.3

中国国家版本馆CIP数据核字第2024FK3623号

策划编辑	孙　勇
责任编辑	孙　勇
助理编辑	张若凡
美术编辑	北京任燕飞工作室

管理会计岗位综合实训
GUANLI KUAIJI GANGWEI ZONGHE SHIXUN

出版发行	立信会计出版社			
地　　址	上海市中山西路2230号	邮政编码	200235	
电　　话	(021)64411389	传　　真	(021)64411325	
网　　址	www.lixinaph.com	电子邮箱	lixinaph2019@126.com	
网上书店	http://lixin.jd.com		http://lxkjcbs.tmall.com	
经　　销	各地新华书店			
印　　刷	常熟市人民印刷有限公司			
开　　本	787毫米×1092毫米　1/16			
印　　张	11.75			
字　　数	251千字			
版　　次	2024年6月第1版			
印　　次	2025年1月第2次			
书　　号	ISBN 978-7-5429-7654-3/F			
定　　价	45.00元			

如有印订差错，请与本社联系调换

前言 Foreword

2017年9月29日,财政部发布了《关于印发〈管理会计应用指引第100号——战略管理〉等22项管理会计应用指引的通知》,该通知涵盖了战略管理、预算管理、成本管理、营运管理、投融资管理、绩效管理、管理会计报告和管理会计信息系统等领域所应用的管理会计工具和方法。管理会计在企业的实际应用中日益普及和深入,但现阶段各行业管理会计相关岗位的人才缺口较大。政策文件的出台和管理会计人才供给的不足,对高职院校管理会计人才的培养提出了新的要求,也提供了新的契机。为了弥补管理会计综合实训课程缺乏教材这一不足,提高学生管理会计实操技能,我们组织国内高职院校的专家学者编写了本书。

本书主要具有以下特色:

(1)对接行业标准。本书依托管理会计基本指引和22项管理会计应用指引,将标准融入岗位实训任务考核,注重岗位实训任务的实用性和适用性。本书选择用2个完整案例,并设计了4个岗位实训任务,对每个岗位实训任务的重难点进行了解题分析,体现了"做中学、学中做"的教学理念。

(2)赛教融通,以赛促教。本书结合全国职业院校技能大赛会计实务赛项财务数字化模块的考核特色,设置了预算管理岗位、投融资管理岗位、营运管理岗位和绩效管理岗位4个岗位,提供了2套实训案例:一套是北京星辰储运服务有限公司案例,该案例难度适中,可以用于管理会计课程实训教学或竞赛前期阶段训练。另一套是新锐游戏有限公司案例,该案例具有一定的难度,可以用于管理会计课程综合实训教学或竞赛强化阶段训练。

（3）教学资源丰富。本书每个岗位实训任务配备微课教学资源，涉及任务考核的知识点和 Excel 操作；本书还配备省级在线开放课程——管理会计，便于学生学习相关理论知识点。

（4）编写团队实战能力强。本书编写团队由 6 位全国职业院校技能大赛指导教师组成，其中，单松老师连续获得四届"国赛一等奖优秀指导教师"称号，他指导的团队在 2019—2023 年会计技能赛项或会计实务赛项中的管理会计成绩均位列全国前 4 名，实战经验丰富。

本书由单松拟订提纲，由浙江经济职业技术学院单松、江西工业贸易职业技术学院胡越君和青岛酒店管理职业技术学院高琳担任主编，由贵州财经职业技术学院邵梅媛、广西金融职业技术学院马靖杰、江苏城乡建设职业学院毛燕羚和厦门网中网软件有限公司黄华晶担任副主编，由厦门网中网软件有限公司刘青副总裁担任主审。本书具体编写分工如下：第一部分由单松、胡越君、邵梅媛和黄华晶执笔；第二部分由高琳、马靖杰和毛燕羚执笔。

此外，编者还要感谢潘阿慧、郑芝怡、金菲和姜成 4 位同学，他们作为 2023 年全国职业院校技能大赛会计实务赛项一等奖获得者，在任务测试、答案解析等方面的辛勤付出，体现出一等奖获得者的专业技能水平。也要感谢王梦悦、徐露和管雅婷 3 位同学在视频制作、表格设计等方面的辛勤付出。

本书除了可以作为高等职业院校财经类专业开设的"管理会计实训"课程教材，还可以作为全国职业院校技能大赛会计技能赛项或会计实务赛项的参考用书。

由于作者水平有限，书中如有疏漏、不足之处，恳请大家批评指正。

编　者

2024 年 5 月

第一部分　课程教学实训案例
——北京星辰储运服务有限公司

企业简介 ··· 1

岗位一　预算管理岗位 ··· 3
实训目标 ··· 3
实训内容 ··· 3
岗位资源 ··· 4
岗位任务 ··· 6
 任务 1　营业收入预算 ·· 6
 任务 2　销售回款预算 ·· 7
 任务 3　仓储成本预算 ·· 7
 任务 4　物流成本预算 ·· 8
 任务 5　管理费用预算 ·· 9
 任务 6　销售费用预算 ·· 10
 任务 7　税金预算 ··· 10
 任务 8　财务费用预算 ·· 11
 任务 9　预计利润表 ··· 11

岗位二　投融资管理岗位 ·· 13
实训目标 ··· 13
实训内容 ··· 13
岗位资源 ··· 14
岗位任务 ··· 21
 任务 1　项目 SWOT 分析 ·· 21

任务 2　项目 PEST 分析 …………………………………………………… 21
　　任务 3　设备投资决策分析 ………………………………………………… 21
　　任务 4　新旧设备现金流量预测 …………………………………………… 22
　　任务 5　设备更新决策分析 ………………………………………………… 24
　　任务 6　项目经营情况预测 ………………………………………………… 25
　　任务 7　项目现金流量预测 ………………………………………………… 25
　　任务 8　项目投资决策分析 ………………………………………………… 26
　　任务 9　资本成本预测 ……………………………………………………… 27
　　任务 10　银行贷款方式决策分析 …………………………………………… 28

岗位三　营运管理岗位 ……………………………………………………… 29
　实训目标 ………………………………………………………………………… 29
　实训内容 ………………………………………………………………………… 29
　岗位资源 ………………………………………………………………………… 30
　岗位任务 ………………………………………………………………………… 35
　　任务 1　冷链相关设施情况分析 …………………………………………… 35
　　任务 2　成本性态分析 ……………………………………………………… 36
　　任务 3　汽车费用预测 ……………………………………………………… 36
　　任务 4　正常情况下的营业利润分析 ……………………………………… 37
　　任务 5　暂停冷冻仓储服务情况下的营业利润分析 ……………………… 37
　　任务 6　出租、改变服务对象边际贡献分析 ……………………………… 38
　　任务 7　各方案营业利润分析 ……………………………………………… 39
　　任务 8　间接费用分配分析 ………………………………………………… 39
　　任务 9　作业成本法下的营业成本分析 …………………………………… 40
　　任务 10　传统成本法下的营业成本分析 …………………………………… 40
　　任务 11　成本差异分析 ……………………………………………………… 41

岗位四　绩效管理岗位 ……………………………………………………… 43
　实训目标 ………………………………………………………………………… 43
　实训内容 ………………………………………………………………………… 43
　岗位资源 ………………………………………………………………………… 44
　岗位任务 ………………………………………………………………………… 46
　　任务 1　2024 年部分指标考核法-Ⅰ ……………………………………… 46
　　任务 2　2024 年部分指标考核法-Ⅱ ……………………………………… 47
　　任务 3　总经理业绩评价 …………………………………………………… 48

任务4　销售毛利分析 ··· 49
　　任务5　销售占比分析 ··· 50
　　任务6　资产结构分析 ··· 51
　　任务7　企业经营状况分析 ····································· 52
　　任务8　企业综合业绩评价 ····································· 52
　　任务9　母公司净资产收益率因素分解表 ························· 53

附录一　资金时间价值系数 ··· 55
附录二　公共报表 ··· 59

第二部分　岗课赛证融通仿真模拟案例
——新锐游戏有限公司

　企业简介 ··· 71

岗位一　预算管理岗位 ·· 75
　实训目标 ··· 75
　实训内容 ··· 75
　岗位资源 ··· 76
　岗位任务 ··· 83
　　任务1　个人客户营业收入预算 ································· 83
　　任务2　单位客户营业收入预算 ································· 84
　　任务3　现金回款预算 ··· 85
　　任务4　人工成本预算 ··· 86
　　任务5　营业成本预算 ··· 87
　　任务6　管理及销售费用预算 ··································· 88
　　任务7　财务费用预算 ··· 89
　　任务8　税金预算 ··· 89
　　任务9　预计利润表 ··· 90
　　任务10　预计资产负债表 ······································ 90

岗位二　投融资管理岗位 ·· 93
　实训目标 ··· 93
　实训内容 ··· 93
　岗位资源 ··· 94
　岗位任务 ·· 106

任务1　筹资决策分析 ·· 106
　　任务2　设备开发决策分析 ·· 109
　　任务3　固定资产购置与租赁决策分析 ······························· 110
　　任务4　资本成本分析 ·· 111
　　任务5　软件开发投资决策分析 ······································ 112
　　任务6　游戏开发投资决策分析 ······································ 115
　　任务7　独立方案选择 ·· 118
　　任务8　股票价值分析 ·· 118

岗位三　营运管理岗位 ·· 121
　实训目标 ·· 121
　实训内容 ·· 121
　岗位资源 ·· 122
　岗位任务 ·· 131
　　任务1　资源标准费用预算 ··· 131
　　任务2　作业成本分配预算 ··· 132
　　任务3　差异分析数据准备 ··· 133
　　任务4　变动制造费用差异分析 ····································· 134
　　任务5　固定制造费用差异分析 ····································· 135
　　任务6　礼包销售与研发决策分析 ·································· 135
　　任务7　定价决策分析 ·· 136
　　任务8　本量利分析 ··· 137
　　任务9　敏感性分析 ··· 139
　　任务10　信用政策分析 ··· 140

岗位四　绩效管理岗位 ·· 141
　实训目标 ·· 141
　实训内容 ·· 141
　岗位资源 ·· 142
　岗位任务 ·· 149
　　任务1　单位客户综合评价指标计算 ······························· 149
　　任务2　安全检查百分表 ··· 150
　　任务3　平衡计分卡分析 ··· 151
　　任务4　总经理业绩评价表 ·· 152
　　任务5　管理用资产负债表 ·· 154

任务 6　管理用利润表 ··· 154
任务 7　母公司经济增加值计算表 ······················· 155
任务 8　权益净利率因素分解表 ···························· 156
任务 9　经营情况分析表 ······································· 157
任务 10　资产负债表财务分析 ····························· 157

附录一　资金时间价值系数 ··· 161
附录二　业务资源 ··· 165
附录三　公共报表 ··· 169

第一部分

课程教学实训案例

——北京星辰储运服务有限公司

企业简介[①]

北京星辰储运服务有限公司(以下简称"星辰公司")成立于2016年5月,位于北京市顺义区中山西街8号,地理位置优越,交通便利,方便为客户提供货物仓储、快件收派、物流运输等服务。经过多年的创新和发展,星辰公司成功在同类公司中脱颖而出,成为客户心中值得信赖的供应链基础设施服务商。

星辰公司自成立以来,专注于技术创新和服务升级,推出了多项创新服务,包括"全球五日达"跨境快递快线和国内品质快递服务等。此外,星辰公司还建立了包括仓储网络、综合运输网络、最后一千米配送网络、大件网络、冷链物流网络和跨境物流网络在内的高度协同的六大网络,具有数字化、广泛性和灵活性的特点,并通过ESG措施推动绿色物流和社会责任实践。截至2023年9月30日,星辰公司先后建立了冷冻仓库、保温仓库、普通仓库、露天货场共计900个,仓储总面积约为1 800万平方米,这些仓库分布在不同国家的各个城市,能够保证货物安全、快速地送到消费者手中。不仅如此,星辰公司还在积极推广绿色物流和循环利用的理念,通过回收废弃包装和处理废弃电子产品等方式,为环境保护和可持续发展作出贡献。

星辰公司始终奉行"诚信至上、客户至上、服务至上"的宗旨,致力于加速推进物流行业的变革,为用户提供时效更快、效益更高、更绿色环保的服务,期望与社会各界同仁携手合作,共同发展,成为全国最权威、诚信度最高的仓储物流服务商。

---

① 此处的企业简介是课程教学实训案例的公共资源。

岗位一

预算管理岗位

实训目标

- 熟练掌握全面预算的编制,了解全面预算的流程和关键节点
- 掌握预算的类型及相关编制方法
- 能够通过全面预算的编制,学会正确地收集资料以编制预算
- 掌握预计利润表编制方法
- 掌握系统性、全局性思考的方法,具备具体问题具体分析的意识

实训内容

- 营业收入预算
- 销售回款预算
- 仓储成本预算
- 物流成本预算
- 管理费用预算
- 销售费用预算
- 税金预算
- 财务费用预算
- 预计利润表

 岗位资源

资源 1　营业收入预算

星辰公司的业务分为仓储服务和物流服务两大业务。星辰公司现有冷冻仓库、保温仓库、普通仓库和露天货场 4 类仓库,经过 8 年的发展,逐步构建了完整的仓储体系。此外,星辰公司还为客户提供物流服务,具体包括物流运输服务(又称物流服务或运输服务)和快件收派服务(或简称收派服务),物流运输服务可单独提供,也可附属于仓储服务进行。

星辰公司的预算采用增量预算方式进行编制。根据市场部测算,经预算管理委员会批准,预计 2025 年各类仓库仓储服务和物流运输服务收入均在 2024 年实际发生额的基础上增长 10%。

考虑市场需求的波动情况,星辰公司对全年营业收入根据各季度的市场需求按比例进行分配。考虑到仓储服务和物流运输服务受淡旺季因素的影响,2025 年各季度营业收入分配比例如表 1-1 所示。

表 1-1

2025 年各季度营业收入分配比例

项目	第 1 季度	第 2 季度	第 3 季度	第 4 季度
冷冻仓库	24.00%	16.00%	28.00%	32.00%
保温仓库	24.00%	16.00%	28.00%	32.00%
普通仓库	32.00%	28.00%	19.00%	21.00%
露天货场	32.00%	28.00%	19.00%	21.00%
收派服务	31.00%	25.00%	20.00%	24.00%
运输服务	31.00%	25.00%	20.00%	24.00%

收款政策:根据历史统计资料,期初应收账款在第一季度收回,当季度可收回营业收入的 70%,剩余 30% 在下一季度全部收回,预算年度不计提坏账准备。

资源 2　营业成本预算

一、仓储服务成本

(1) 仓储中心预计 2025 年不增减员工,职工薪酬在 2024 年的基础上增加 5%。

（2）各仓库折旧费与2024年保持一致，保险费在2024年的基础上增加10%。

（3）露天货场租赁合同一年一签，由于续租的不确定性因素较多，星辰公司按照短期租赁进行处理，过去2年的租金均为2 016 000元，租赁期将于2025年3月31日到期，预计新签订租赁合同年约定的租金在2024年的基础上降低3%。

（4）堆存间接费用各明细项均在2024年的基础上增加5%。露天货场各季度租赁费按照合同金额进行平均分摊。

二、物流服务成本

（1）为了实现营业收入目标，2025年运输中心计划新增15名员工，且根据需求采购运输车辆。预计直接费用各明细项均在2024年的基础上增加15%。

（2）除了折旧费，间接费用其余各明细项均在2024年的基础上增加6%。

在2024年发生额的基础上，根据预计2025年资产投资情况计算折旧费，详见"附录二"中"附表12"。新投资运输设备均于当季度末购入，自购入的次月开始计提折旧。

（3）除了折旧费，各直接及间接费用明细第一季度至第四季度分配比例均按照2024年各季度实际占比进行计算。

资源3　管理费用和销售费用预算

一、管理费用预算

（1）管理部门预计新增员工8名，职工薪酬在2024年的基础上增加15%。

（2）办公费、差旅费、市内交通费和其他费用在2024年的基础上增加5%，业务招待费在2024年的基础上降低15%。

（3）预计2025年6月采购一套管理设备，10月采购一项非专利技术，详见"附录二"中"附表12"。

（4）折旧费和摊销费在2024年各季度发生额的基础上根据新增资产的折旧与摊销计算得出。

二、销售费用预算

销售费用根据费用习性分为变动性销售费用和固定性销售费用。销售佣金和客户返利属于变动性销售费用，根据营业收入的一定比例计算。其余项目属于固定性销售费用。

（1）销售部门预计新增员工5名，职工薪酬在2024年的基础上增加5%。

(2) 办公费、差旅费、市内交通费和其他费用均在2024年的基础上下降3%。
(3) 折旧费与2024年保持不变。
(4) 2025年星辰公司将进一步加大业务宣传，预计广告宣传费在2024年的基础上增加15%。
(5) 销售费用明细项各季度发生额按照2024年各季度实际占比进行计算。

资源4　税金和财务费用预算

一、税金预算

(1) 增值税。在增值税预算方面，公司根据历史增值税缴税水平，计算得出增值税缴库率（增值税缴库率＝增值税额÷不含税营业收入）约为2.5%。
(2) 城市维护建设税。按照增值税缴库金额的7%征收。
(3) 教育费附加。按照增值税缴库金额的3%征收。
(4) 地方教育附加。按照增值税缴库金额的2%征收。
(5) 印花税。预计2025年印花税税金为15 000元。
(6) 税金支付。税金视为4个季度均匀产生并缴纳，不考虑季度差异。不考虑企业所得税税金预缴。

二、财务费用预算

(1) 利息收入。2025年预计全年货币资金余额为700万元，资金平均利息率为1%。
(2) 利息支出。2025年预计全年平均短期贷款余额约为350万元，短期贷款利率为5%。
(3) 手续费及其他。2025年手续费预计为5 000元。
(4) 财务费用。财务费用视为4个季度均匀发生并支付或收到的银行结息，不考虑季度差异。

岗位任务

任务1　营业收入预算

业务描述：根据公共资源中信息及资源1，完成星辰公司2025年营业收入预算明细表，以完整小数位引用计算，结果四舍五入保留2位小数。2025年营业收入预算明细表如表1-2所示。

表 1-2

2025 年营业收入预算明细表 单位:元

项目		第1季度	第2季度	第3季度	第4季度	合计
仓储服务收入	冷冻仓库					
	保温仓库					
	普通仓库					
	露天货场					
	小计					
物流服务收入	收派服务					
	运输服务					
	小计					
合计						

解题分析: 各季度收入＝总收入×比例。

任务 2　销售回款预算

业务描述: 根据公共资源中信息及已完成相关任务结果,完成星辰公司 2025 年销售回款预算表。以完整小数位引用计算,结果四舍五入保留 2 位小数。2025 年销售回款预算表如表 1-3 所示。

表 1-3

2025 年销售回款预算表 单位:元

项目	第1季度	第2季度	第3季度	第4季度	合计
期初应收账款					
本期回款					
期末应收账款					

解题分析: 资产负债表中,2024 年期末应收账款为 2025 年期初应收账款。

任务 3　仓储成本预算

业务描述: 根据公共资源中信息及资源2,完成星辰公司 2025 年仓储服务营业成本预算明细表。以完整小数位引用计算,结果四舍五入保留 2 位小数。2025 年仓储服务营业成本预算明细表如表 1-4 所示。

表 1-4

2025 年仓储服务营业成本预算明细表　　　　　　　　　　单位：元

项目			第1季度	第2季度	第3季度	第4季度	合计
堆存直接费用	冷冻仓库	职工薪酬					
		折旧费					
		保险费					
		小计					
	保温仓库	职工薪酬					
		折旧费					
		保险费					
		小计					
	普通仓库	职工薪酬					
		折旧费					
		保险费					
		小计					
	露天货场	职工薪酬					
		折旧费					
		保险费					
		租赁费					
		小计					
堆存直接费用合计							
堆存间接费用		办公费					
		水电费					
		劳保费					
		其他费用					
堆存间接费用合计							
合计							

解题分析：租赁费用需考虑"第一季度没有变化，后面季度总额有变化"这一情况。

任务4　物流成本预算

业务描述：根据公共资源中信息及资源2，完成星辰公司2025年物流服务营业成本预算明细表。以完整小数位引用计算，结果四舍五入保留2位小数。2025年物流服务营业成本预算明细表如表1-5所示。

表 1-5

2025 年物流服务营业成本预算明细表　　　　　　　单位:元

项目			第1季度	第2季度	第3季度	第4季度	合计
直接费用	收派服务	职工薪酬					
		燃料					
		汽车费用					
		小计					
	运输服务	职工薪酬					
		燃料					
		汽车费用					
		小计					
营运直接费用合计							
间接费用		折旧费					
		办公费					
		水电费					
		劳保费					
		其他费用					
营运间接费用合计							
合计							

解题分析: 运输设备的折旧计入物流服务营业成本。

任务5　管理费用预算

业务描述: 根据公共资源中信息及资源3,完成星辰公司2025年管理费用预算明细表。以完整小数位引用计算,结果四舍五入保留2位小数。2025年管理费用预算明细表如表1-6所示。

表 1-6

2025 年管理费用预算明细表　　　　　　　单位:元

项目	第1季度	第2季度	第3季度	第4季度	合计
职工薪酬					
办公费					
业务招待费					
差旅费					
市内交通费					
折旧费					

(续表)

项目	第1季度	第2季度	第3季度	第4季度	合计
无形资产摊销					
其他费用					
合计					

解题分析：管理设备折旧需要计入 2025 年管理费用预算明细表。

任务6　销售费用预算

业务描述：根据公共资源中信息及资源 3，完成星辰公司 2025 年销售费用预算明细表。以完整小数位引用计算，结果四舍五入保留 2 位小数。2025 年销售费用预算明细表如表 1-7 所示。

表 1-7

2025 年销售费用预算明细表　　　　　　　　　　　单位：元

项目		变动性费用率	第1季度	第2季度	第3季度	第4季度	合计
变动性销售费用	销售佣金	7.30%					
	客户返利	2.70%					
	小计						
固定性销售费用	职工薪酬						
	办公费						
	折旧费						
	广告宣传费						
	差旅费						
	市内交通费						
	其他费用						
	小计						
合计							

任务7　税金预算

业务描述：根据公共资源中信息及资源 4，完成星辰公司 2025 年税金预算明细表。以完整小数位引用计算，结果四舍五入保留 2 位小数。2025 年税金预算明细表如表 1-8 所示。

表 1-8

2025 年税金预算明细表

单位:元

项目	2024 年实际值	2025 年预算
收入	70 963 455.000 00	
增值税（实缴）	1 774 086.380 00	
城市维护建设税	124 186.046 30	
教育费附加	53 222.591 25	
地方教育附加	35 481.727 50	
印花税	15 000.000 00	
税金及附加合计	227 890.370 00	

解题分析：各项目按照比例计算。

任务 8　财务费用预算

业务描述：根据资源 4 及已完成相关任务结果，完成星辰公司 2025 年财务费用预算明细表。以完整小数位引用计算，结果四舍五入保留 2 位数。2025 年财务费用预算明细表如表 1-9 所示。

表 1-9

2025 年财务费用预算明细表

编制部门：　　　　　　　　　　　　　　　　　　　　　　　　　　　　单位:元

项目	2024 年实际值	2025 年预算
利息收入	60 000	
利息支出	180 000	
手续费及其他	4 000	
合计	124 000	

解题分析：合计＝利息支出－利息收入＋手续费及其他。

任务 9　预计利润表

业务描述：根据已完成相关任务结果，完成星辰公司 2025 年预计利润表（简表）。以完整小数位引用计算，结果四舍五入保留 2 位小数。2025 年预计利润表（简表）如表 1-10 所示。

表 1-10

2025 年预计利润表（简表）　　　　　　　　　　单位：元

项目	本期金额
一、营业收入	
减：营业成本	
税金及附加	
销售费用	
管理费用	
财务费用	
其中：利息费用	
二、营业利润（亏损以"－"号填列）	
三、利润总额（亏损总额以"－"号填列）	
减：所得税费用	
四、净利润（净亏损以"－"号填列）	

解题分析： 企业所得税税率为 25%。

岗位二

投融资管理岗位

实训目标

- 掌握项目定性分析中 SWOT 分析、PEST 分析方法的应用
- 掌握净现值、内含报酬率等投资评价方法在项目定量分析中的应用
- 掌握项目收入费用和利润预测的编制
- 掌握权益资本成本和加权平均资本成本的计算
- 塑造不断进取、勇于挑战的专业精神

实训内容

- 项目 SWOT 分析
- 项目 PEST 分析
- 设备投资决策分析
- 新旧设备现金流量预测
- 设备更新决策分析
- 项目经营情况预测
- 项目现金流量预测
- 项目投资决策分析
- 资本成本预测
- 银行贷款方式决策分析

 岗位资源

资源1 顺丰速运SWOT分析

一、背景介绍

2013年7月25日,顺丰速运有限公司(以下简称"顺丰速运")在深圳创办成立,经过十几年的发展,逐渐从一个不知名的快递公司发展成为一家集速递、技术咨询等业务为一体的大型企业集团,其发展迅猛,在国内民营快递行业的第一梯队中处于第一或第二的位置,但面对新局势,顺丰速运又该如何保住原有的位置,并寻求更好的发展?

本文将运用SWOT分析法对顺丰速运进行分析,归纳并总结顺丰速运如何在激烈竞争中求得快速发展的经验,结合内外形势的分析,探索顺丰速运适合发展的战略。SWOT分析是指从优势、劣势、机会和威胁角度对公司战略进行分析,其中S是优势(strengths),W是劣势(weaknesses),O是机会(opportunities),T是威胁(threats)。

二、分析观点

1. 价格较高

快递公司计算运费的依据大多是距离。以厦门市市区的快递为例,从集美区寄东西到思明区,顺丰速运计费首重是每千克12元,超过1千克,每增加1千克多2元;如果用申通快递寄件,每千克10元,超过1千克,每增加1千克就要多8元;如果用韵达快递寄件,每千克10元,超过1千克,每增加1千克就要多5元;如果用百世汇通快递寄件,每千克9元,超过1千克,每增加1千克就要多3元;如果用圆通快递寄件,每千克10元,超过1千克,每增加1千克就要多2元。从以上数据可以看出,顺丰速运在运费价格上存在较大的劣势,这会使许多消费者因价格高而选择其他快递。

2. 运输服务更为安全

顺丰速运通过自营的运输网络系统,给消费者提供标准、高质、安全的服务。顺丰速运采用信息监控系统HHT手持终端设备和GPS技术全程监控快件运送过程,保证快件准时、安全送达。

3. 快捷的时效服务

顺丰速运自有专机和400余条航线的强大航空资源及庞大的地面运输网络,保障客户的快递在各环节最快发运,在正常情况下可实现快递"今天寄明天到"。这是很多顾客选择顺丰速运的主要原因。

4. 电商平台自建物流

越来越多的电商平台选择创建自己的物流平台,如京东、聚美优品等。

5. 快递行业井喷式发展

越来越多的人选择网上购物,未来对快递的需求会越来越高。

6. 海外快递发展加速

越来越多的海淘网站出现,顺丰速运拥有自己的航空物流体系,应做好准备,迎接机遇。

7. 良好的企业文化

顺丰速运有着一套较为完善的激励奖惩机制制度,因而培育了一大批责任心强、积极肯干的员工及有经验、有上进心的领导。

8. 资金不足,融资渠道不畅通

物流快递是资金投入较大的行业,而顺丰速运完全通过自身的经济实力来维持着企业的发展,这很大程度上限制了顺丰速运的快速壮大。

9. 经营方式灵活

顺丰速运的经营方式相对于中国邮政等国有快递更加灵活。在服务方式上,民营快递实行门到门服务、手到手交接。在服务时间上,灵活的民营企业更具竞争力。

资源2 顺丰速运 PEST 分析

一、背景介绍

随着经济全球化和科学技术的进步,人们的消费观念逐渐转变,物流行业作为国民经济中发展较快的一个新兴服务行业,体现了一个国家的综合国力和现代化程度。改革开放以来,我国快递业从缓慢起步到如今高速发展,快递企业在相互竞争中不断成长。快递服务在生活中越来越普及,人们对其需求不断增大,这为快递业带来了巨额利润,众多国际快递企业、国内民营快递企业不断涌现。如今,我国约有快递企业 11 000 家,主要包括以中国邮政为代表的国有快递企业,以顺丰速运、申通、圆通、中通、韵达为代表的民营快递企业,以及以敦豪航空货运公司、联邦快递、联合包裹、荷兰天地为代表的国际快递企业。

本文将运用 PEST 分析法对顺丰速运进行分析,评估市场环境对顺丰速运的影响。PEST 分析是指宏观环境的分析,其中 P 是政治(politics),E 是经济(economy),S 是社会(society),T 是技术(technology)。

二、分析观点

(1) 邮政部门于 2006 年开始实行政企分离,为民营快递的发展提供了机会。中国快递协会于 2009 年正式成立,随着《中华人民共和国邮政法》的修订实施,我国快递业法律体系逐渐完善。2011年,国家邮政局编制了旨在促进行业公平竞争的邮政业"十二五"规划。2014年的《物流业发展中长期规划(2014—2020年)》强调了第三方物流的重要性。2017年,国家邮政局发布了《快递业发展"十三五"规划》,明确服务网络要覆盖全国的方向。对于想要打入国际市场的顺丰速运来说,是不容错过的机会。

（2）我国是人口大国,但人口老龄化也较为严重。中老年客户逐渐增加,其快递需求不断扩大,而顺丰速运在中老年客户群的知名度远远比不过EMS。由于中老年人获取信息的途径与年轻人相比较少,如果顺丰速运不提高企业知名度,则会失去这一部分的新兴市场。

（3）以前我国快递行业没有国际快递巨头那样完善的信息流系统,运营设备也不够先进,但近年来我国科学技术越来越发达,云计算、大数据的应用是快递行业的一次革命,快递行业也改变了传统的工作模式,合理应用新技术设备。无线分组业务、无线射频识别、电子信息和通信等技术的运用,使快递的运输与流转更加及时。无论是寄送还是分拣过程,都可以全程追踪。

（4）快递行业本质上属于服务业,因此更易受到经济发展的影响。我国经济持续繁荣,为快递行业的发展增添了活力,创造了良好的发展环境。

资源3　设备购置决策

星辰公司当前的仓储管理方法较为老旧,主要靠人工进行,严重影响仓储管理效率。经过市场调研,星辰公司拟购入一套仓储管理设备。设备预计于2024年年末购入,于2025年年初投入使用。仓储管理设备信息表如表2-1所示。

表2-1

仓储管理设备信息表

固定资产名称	仓储管理设备	固定资产名称	仓储管理设备
预计采购成本(元)	500 000.00	残值率	4%
预计折旧/使用年限(年)	5	折旧方法	直线法

说明：

（1）仓储管理设备对营业收入和营业成本的影响：预计第一年营业收入为240 000元,以后年度营业收入每年递增5%；预计第一年营业成本为96 000元,以后年度营业成本每年递增2%。

（2）星辰公司所在行业平均资本收益率为14%,企业所得税税率为25%,设备处置金额同账面残值,不考虑其他税费,请为星辰公司是否应该采购仓储管理设备作出决策。

（3）仓储管理设备折旧不属于营业成本。除了设备折旧费,其余收入、成本费用均在发生当期变现。

（4）使用所在行业平均资本收益率计算净现值。

资源 4 设备更新决策

设备更新决策表如表 2-2 所示。

表 2-2

设备更新决策表　　　　　　　　　　　金额单位：元

项目	旧设备	新设备
原值	500 000.00	600 000.00
税法折旧年限（年）	5	5
预计使用年限（年）	5	5
已使用年限（年）	2	0
每年可带来营业收入	380 000.00	430 000.00
每年维护费（经营成本）	150 000.00	120 000.00
当前变现价值	420 000.00	—
5 年后变现价值	0.00	24 000.00

说明：

（1）采用直线法计提折旧，残值率为 4%。

（2）营业收入及维护费均在发生当期期末变现。

（3）折现率为 8%。

（4）除以上说明外，不考虑其他影响因素。

资源 5 冷链项目投资决策

星辰公司已具备低温运输能力，拟依托现有的仓储资源进行冷链物流项目建设。项目建成后，将打造一个集冷库、冷藏、包装、配送为一体的冷链物流中心，搭建一个完善的冷链服务平台，冷链物流项目预计营业期限为 10 年（2025.1.1—2034.12.31）。

一、项目投资情况

（一）经营场所取得

星辰公司跟中介公司签订租期为 10 年（2025.1.1—2034.12.31）的房屋租赁合同，第一年租金为 10 万元，以后年度租金每年递增 2%。每年年初一次性支付当年租金。此外，2025 年 1 月 1 日，需另外支付房屋中介费 5 000 元、房屋押金 5 万元。押金的预计收回时间为 2034 年 12 月 31 日。

装修房屋预计支出20万元,于2025年年初一次性支付,不考虑装修期。装修费摊销年限为10年,采用直线法摊销。

(二)固定资产和无形资产投资

资产投资清单如表2-3所示。

表2-3

资产投资清单

项目	类别	名称	更新/折旧年限(年)	计量单位	预计采购数量	预计采购单价(元)	预计投资额(元)
固定资产	管理设备	清洗、消毒、灭菌等设备	5	组	1	482 000.00	482 000.00
		月台设备设施		组	1	765 000.00	765 000.00
	工器具	冷链物流容器		套	100	860.00	86 000.00
		精密电子仪器		个	12	18 500.00	222 000.00
		液压升降机		台	10	7 300.00	73 000.00
	办公设备	电脑		台	15	4 800.00	72 000.00
		中央空调		套	2	58 000.00	116 000.00
固定资产小计			—	—	—	—	1 816 000.00
无形资产	专利权	GPS定位系统	10	项	1	27 000.00	27 000.00
		RFID电子标签系统		项	1	35 000.00	35 000.00
		温湿度监控系统		项	1	58 000.00	58 000.00
		供应链管理系统		项	1	280 000.00	280 000.00
无形资产小计			—	—	—	—	400 000.00
合计			—	—	—	—	2 216 000.00

说明:

(1)以上资产于2024年年末购入,于2025年年初投入使用。各项资产达到更新年限时,于达到更新年限的当月月末重新购入并入账,假设更换时数量和单价不变。

(2)旧设备残值处理收到的现金同账面价值。

(3)均采用直线法折旧,固定资产残值率为4%,无形资产无残值。

(三)物流运输

冷链物流项目依托现有的物流资源和运输车队完成,相关费用通过内部分摊形式每年结算一次。

(四)营运资金垫支

2025年1月1日,垫支可供周转的流动资金12万元,于营业期末收回。

二、项目经营预测

(一)收入预测

冷链物流营业收入按照运输量及单价进行预测。第一年运输量为

220 000立方米,以后每年平均增长3%;第一年平均单价为15元,以后每年平均增长4%。

(二)成本费用预测

1. 人工成本

冷链物流项目人员编制及薪酬预测表如表2-4所示。

表2-4

冷链物流项目人员编制及薪酬预测表　　　　金额单位:元

岗位名称	预计编制(人)	预计第一年平均人工成本	薪酬涨幅说明
总监	1	111 000	以后年度在前一年基础上上涨5%
管理人员	3	62 500	
后勤人员	4	54 000	
运输司机	10	69 400	
叉车司机	2	60 500	
装卸搬运员	10	45 600	
合计	30	—	—

2. 其他成本费用

其他成本费用标准表如表2-5所示。

表2-5

其他成本费用标准表

费用明细	费用标准
燃料	1.2元/立方米,各年保持不变
运输车费用	内部转移,预计每年需向运输中心支付110 000元
使用权资产折旧	根据租赁情况计算,按照税法口径处理,折旧期限与租赁期限相同,自租赁开始的当月计提,采用直线法计提折旧,无残值
固定资产折旧	根据资产投资清单计算
摊销费	包括无形资产摊销和装修费摊销,根据上述说明计算
办公费	20 000元/年,各年保持不变
劳保费	35 000元/年,各年保持不变
其他费用	26 000元/年,各年保持不变

说明:

(1)除了折旧及摊销费,其余成本费用均在发生当期变现。

(2)折现率为8%。

(3)除了上述说明,不考虑其他因素的影响。

资源6　资本成本计算说明

星辰公司加权平均资本成本计算步骤如下：
第一步，采用资本资产定价模型计算权益资本成本。
(1) 资本资产定价模型：$R=R_f+\beta\times(R_m-R_f)$。
(2) 以同行业上市公司普通股资本成本作为星辰公司权益资本成本。
(3) 选择同行业上市公司平均 β 值作为星辰公司的 β 值，经查阅资料，同行业上市公司平均 β 值为1.5，上市公司市场预期回报利率(R_m)为10%（平均风险报酬率），5年期国债到期收益率为6%（无风险报酬率）。

其中：R_f——无风险报酬率
　　　β——该股票（组合）贝塔系数
　　　R_m——平均风险报酬率
　　　(R_m-R_f)——市场风险溢价
　　　$\beta\times(R_m-R_f)$——该股票（组合）风险溢价

第二步，计算加权平均资本成本。
(1) 将2024年年末总负债和总所有者权益占总资产的比重作为债务资本和权益资本权重。星辰公司部分报表数据如表2-6所示。

表2-6

星辰公司部分报表数据　　　　　　　　　　　　　　　　　单位：元

项目	2023年	2024年
负债合计	12 717 159.40	5 928 828.38
所有者权益合计	19 479 355.93	27 893 631.36

(2) 根据星辰公司与商业银行签订的贷款协议和央行公布的贷款利率，计算得出星辰公司平均税后债务资本成本为8%。

资源7　银行贷款及商业信用相关资料

星辰公司计划与商业银行签订1年期贷款协议，贷款金额为600万元，银行给星辰公司提供了以下4种贷款方案：
A方案：贷款金额为600万元，年利率为8%，期限为1年，到期还本付息，银行要求按照贷款金额的10%保持最低存款金额。
B方案：贷款金额为600万元，年利率为8%，期限为1年，到期一次还本付息。
C方案：贷款金额为600万元，年利率为8%，期限为1年，取得贷款时先扣除全部利息,到期归还本金。

D方案:贷款金额为600万元,年利率为8%,期限为1年,按照贷款全额计息,按月等额归还本息。

注:D方案使用IRR函数计算。

 岗位任务

任务1　项目SWOT分析

业务描述:阅读资源1相关资料,完成顺丰速运SWOT分析表,将分析观点中1～9填入SWOT分析表(按照字母顺序填写,不要有空格及逗号)。顺丰速运SWOT分析表如表2-7所示。

表2-7

顺丰速运SWOT分析表

项目	观点代号	项目	观点代号
优势(S)		机会(O)	
劣势(W)		威胁(T)	

任务2　项目PEST分析

业务描述:阅读资源2相关资料,完成顺丰速运PEST分析表,将分析观点中(1)～(4)填入PEST分析表(按照字母顺序填写,不要有空格及逗号)。顺丰速运PEST分析表如表2-8所示。

表2-8

顺丰速运PEST分析表

项目	观点代号	项目	观点代号
政治(P)		社会(S)	
经济(E)		技术(T)	

任务3　设备投资决策分析

业务描述:阅读资源3相关资料,完成设备投资决策表。以完整小数位引用计算,结果四舍五入保留2位小数。带"%"的项目,结果四舍五入保留"%"

前2位小数,如3.50%。除非单据中有特殊说明,其余项目均以正数作答。设备投资决策表如表2-9所示。

表2-9

设备投资决策表　　　　　　　　　　　单位:元

项目	第0年	第1年	第2年	第3年	第4年	第5年
设备投资						
营业收入						
营业成本						
设备折旧						
利润总额						
企业所得税						
净利润						
残值收入						
现金净流量(净流入以正数填列,净流出以负数填列)						
净现值						
内含报酬率						

解题分析:

(1) 营业收入每年递增5%,营业成本每年递增2%。

(2) 设备处置金额同账面残值。

(3) 仓储管理设备折旧不属于营业成本,利润总额=营业收入-营业成本-设备折旧。

任务4　新旧设备现金流量预测

一、新设备现金流量预测

业务描述: 阅读资源4相关资料,完成新设备现金流量预测表。以完整小数位引用计算,结果四舍五入保留2位小数。除非单据中有特殊说明,其余项目均以正数作答。新设备现金流量预测表如表2-10所示。

表2-10

新设备现金流量预测表　　　　　　　　　单位:元

项目	第0年	第1年	第2年	第3年	第4年	第5年
设备投资额		—	—	—	—	—

(续表)

项目	第0年	第1年	第2年	第3年	第4年	第5年
营业收入	—					
经营成本	—					
折旧额	—					
利润总额	—					
企业所得税	—					
净利润	—					
营业现金净流量（净流入以正数填列，净流出以负数填列）	—					
设备残值收入	—	—	—	—	—	
残值收入抵税/纳税（净流入以正数填列，净流出以负数填列）	—	—	—	—	—	
现金净流量（净流入以正数填列，净流出以负数填列）						

解题分析：

（1）营业现金净流量＝净利润＋非付现成本费用（折旧、摊销）。

（2）设备残值收入与5年后设备变现价值相等，设备收入抵税/纳税为0。

（3）除非表格中括号内有特殊说明，其余项目均以正数作答。

二、旧设备现金流量预测

业务描述： 阅读资源4相关资料，完成旧设备现金流量预测表。以完整小数位引用计算，结果四舍五入保留2位小数。除非单据中有特殊说明，其余项目均以正数作答。旧设备现金流量预测表如表2-11所示。

表2-11

旧设备现金流量预测表　　　　　　　　　　　　　　　单位：元

项目	第0年	第1年	第2年	第3年	第4年	第5年
旧设备变现价值		—	—	—	—	—
旧设备变现抵税/纳税（净流入以正数填列，净流出以负数填列）		—	—	—	—	—
营业收入	—					
经营成本	—					
折旧额	—					
利润总额	—					
企业所得税	—					
净利润	—					

(续表)

项目	第0年	第1年	第2年	第3年	第4年	第5年
营业现金净流量(净流入以正数填列,净流出以负数填列)	—					
设备残值收入	—	—	—	—	—	
残值收入抵税/纳税(净流入以正数填列,净流出以负数填列)	—	—	—	—	—	
现金净流量(净流入以正数填列,净流出以负数填列)						

解题分析：

（1）旧设备净值＝旧设备原值－旧设备累计折旧。

（2）旧设备变现抵税/纳税＝（旧设备当前变现价值－旧设备净值）×0.25。

（3）旧设备已计提2年折旧，只需计提3年折旧。

（4）5年后旧设备残值收入为0。

任务5　设备更新决策分析

业务描述： 根据资源4及已完成相关任务结果，完成设备更新决策表。以完整小数位引用计算，结果四舍五入保留2位小数。默认现金流发生在年末，现金流量流入为正，流出为负。是否更新设备以"是"或"否"作答。设备更新决策表如表2-12所示。

表2-12

设备更新决策表　　　　　　　　　　　　　　金额单位：元

项目	第0年	第1年	第2年	第3年	第4年	第5年
新设备各年现金净流量						
旧设备各年现金净流量						
复利现值系数						
新设备净现值						
旧设备净现值						
是否更新设备(是/否)						

解题分析：

（1）现金流量流入为正，流出为负。

（2）复利现值系数＝1÷(1＋利率)^{期数}。

任务6　项目经营情况预测

业务描述： 阅读资源5相关资料，完成星辰公司冷链物流项目经营情况预测表。以完整小数位引用计算，结果四舍五入保留2位小数。冷链物流项目经营情况预测表如表2-13所示。

表 2-13

冷链物流项目经营情况预测表　　　　　　　　单位：元

项目	第1年	第2年	第3年	第4年	第5年	第6年	第7年	第8年	第9年	第10年
营业收入										
成本费用										
人工成本										
燃料费										
运输车费用										
使用权资产折旧										
固定资产折旧										
摊销费										
办公费										
劳保费										
其他费用										
利润总额										
所得税费用										
净利润										

解题分析：

（1）运输量年增长率为3%，平均单价年增长率为4%。

（2）营业收入＝运输量×平均单价。

（3）年人工成本＝预计编制×每人每年平均人工成本，各岗位人工成本不相等，每年上涨5%。

（4）使用权资产折旧＝（租金＋中介费）÷期数，押金不计入计提基础。

（5）摊销费包括装修费摊销（摊销期限为5年）和无形资产摊销。

任务7　项目现金流量预测

业务描述： 根据资源5及已完成相关任务结果，完成星辰公司冷链物流项目现金流量预测表。以完整小数位引用计算，结果四舍五入保留2位小数。

默认现金流发生在年末,现金流量流入为正,流出为负。非付现成本费用以非负数表示。冷链物流项目现金流量预测表如表2-14所示。

表2-14

冷链物流项目现金流量预测表　　　　　　单位:元

项目	第0年	第1年	第2年	第3年	第4年	第5年	第6年	第7年	第8年	第9年	第10年
租金及相关费用支出											**
装修费支出		—	—	—	—	—	—	—	—	—	—
固定资产及无形资产投资支出		—	—	—	—		—	—	—	—	—
营运资金垫支		—	—	—	—	—	—	—	—	—	—
税后营业现金流入	—										
税后付现费用流出	—										
非付现成本费用	—										
营业期各年现金净流量											
押金及营运垫支收回	—	—	—	—	—	—	—	—	—	—	
资产残值收入	—	—	—	—	—		—	—	—	—	
残值变现抵税/纳税											
各年现金净流量											

解题分析:

(1) 租金于每年年初一次性支付,第十年租金及相关费用支出为0。

(2) 固定资产折旧年限为5年,第五年涉及设备更新,需重新购入并入账。

(3) 营业期现金净流量＝税后营业现金收入－税后付现费用＋非付现成本费用×0.25。

(4) 旧设备残值处理收到的现金同账面价值,残值变现抵税/纳税为0。

任务8　项目投资决策分析

业务描述:根据已完成相关任务结果,完成星辰公司冷链物流项目投资决策表。以完整小数位引用计算,结果四舍五入保留 2 位小数。默认现金流发生在年末,现金流量流入为正,流出为负。非付现成本费用以非负数表示。是否投资以"是"或"否"作答。冷链物流项目投资决策表如表 2-15 所示。

表 2-15

冷链物流项目投资决策表

金额单位:元

年份	各年现金净流量	复利现值系数	净现值	是否投资（是/否）
第 0 年				
第 1 年				
第 2 年				
第 3 年				
第 4 年				
第 5 年				
第 6 年				
第 7 年				
第 8 年				
第 9 年				
第 10 年				

任务 9　资本成本预测

业务描述:阅读资源 6 相关资料,完成资本成本计算。以完整小数位引用计算,加权平均资本成本四舍五入保留"％"前整数,如 5％。其他带"％"的项目四舍五入保留"％"前 2 位小数,如 3.50％。行业平均 β 值四舍五入保留 2 位小数。权益资本成本计算表如表 2-16 所示,加权平均资本成本计算表如表 2-17 所示。

表 2-16

权益资本成本计算表

项目	数值	项目	数值
行业平均 β 值		市场风险溢价	
无风险利率		权益资本成本	

表 2-17

加权平均资本成本计算表

项目	权重	资本成本
负债		

(续表)

项目	权重	资本成本
权益		
加权平均资本成本		

解题分析：

（1）权重按照2024年年末总负债和总所有者权益占总资产比重计算。

（2）加权平均资本成本四舍五入保留％前整数。

任务 10　银行贷款方式决策分析

业务描述： 阅读资源7相关资料，完成银行贷款方式决策表。以完整小数位引用计算，结果四舍五入保留"％"前2位小数。应该选择哪种方式以"A"或"B"或"C"或"D"作答。银行贷款方式决策表如表2-18所示。

表 2-18

银行贷款方式决策表

项目	有效年利率
方式 A	
方式 B	
方式 C	
方式 D	
应该选择哪种方式(A/B/C/D)	

解题分析：

（1）方式A属于存在补偿性余额的贷款方式，实际利率＝实际支付的年利息÷[贷款金额×(1－补偿性余额利率)]。

（2）方式C实际可用贷款额＝贷款金额－全部利息。

（3）方式D按照贷款金额计息，按月等额归还本息，利用 IRR 函数计算月实际利率，年实际利率＝$(1+月实际利率)^{12}-1$。

岗位三

营运管理岗位

实训目标

- 熟悉作业成本法的应用环境和应用程序
- 掌握作业活动类型、资源费用类型的划分
- 掌握作业成本法和传统成本法下成本的计算
- 学习成本管理领域应用的工具和方法，并将其运用于不同类型企业成本管理
- 培育精益求精的工匠精神

实训内容

- 冷链相关设施情况分析
- 成本性态分析
- 汽车费用预测
- 正常情况下的营业利润分析
- 暂停冷冻仓储服务情况下的营业利润分析
- 出租、改变服务对象边际贡献分析
- 各方案营业利润分析
- 间接费用分配分析
- 作业成本法下的营业成本分析
- 传统成本法下的营业成本分析
- 成本差异分析

岗位资源

资源1　数据分析

截至2023年年末我国各省(直辖市、自治区)冷链相关设施情况表如表3-1所示。(数据根据实际数据进行修正处理,不具有实际参考性)

表3-1

截至2023年年末我国各省(直辖市、自治区)冷链相关设施情况表

地区	冷链物流企业数量(个)	冷库总容量(千立方米)	各省冷库占比	各省冷藏车数量(辆)
中国	2 103	130 593.63	1.000 0%	43 673
山东	125	13 063.25	0.100 0%	3 485
广东	190	10 154.74	0.077 8%	6 412
上海	88	5 332.51	0.040 8%	793
江苏	118	10 087.24	0.077 2%	6 575
河南	72	8 960.09	0.068 6%	1 755
辽宁	101	5 578.58	0.042 7%	2 006
福建	88	7 486.54	0.057 3%	1 595
北京	76	2 925.04	0.022 4%	786
天津	81	4 470.12	0.034 2%	591
浙江	115	4 605.30	0.035 3%	761
湖南	85	4 561.50	0.034 9%	1 086
湖北	38	3 567.49	0.027 3%	883
河北	65	7 502.48	0.057 4%	3 683
江西	80	3 561.69	0.027 3%	465
安徽	64	3 315.61	0.025 4%	1 352
四川	77	2 939.17	0.022 5%	781
重庆	103	5 804.46	0.044 4%	3 374
内蒙古	60	4 502.00	0.034 5%	919
云南	41	2 426.16	0.018 6%	916
黑龙江	45	2 271.46	0.017 4%	986
广西	39	2 259.99	0.017 3%	959
山西	47	2 232.33	0.017 1%	583
新疆	36	2 204.01	0.016 9%	300

(续表)

地区	冷链物流企业数量（个）	冷库总容量（千立方米）	各省冷库占比	各省冷藏车数量（辆）
陕西	38	2 048.24	0.015 7%	1 088
贵州	52	2 027.40	0.015 5%	575
甘肃	63	1 557.88	0.011 9%	109
宁夏	28	1 034.24	0.007 9%	485
海南	30	966.88	0.007 4%	74
吉林	23	857.74	0.006 6%	187
青海	35	511.49	0.003 9%	109

要求：将冷库总容量排名前15的省（直辖市、自治区）信息填入表3-9，冷库总容量按降序排列。

资源2　成本性态分析

2025年6月，星辰公司对下半年的预算进行调整。统计历史数据发现，运输中心的汽车费用与运输里程数呈现出明显的线性关系。因此，星辰公司拟采用高低点法和回归直线法对汽车费用进行成本性态分析，以找出汽车费用与运输里程之间的线性关系，进而对2025年下半年汽车费用进行预测。

一、历史数据

2024年1—12月运输中心汽车费用与运输里程数据表如表3-2所示。

表3-2

2024年1—12月运输中心汽车费用与运输里程数据表

时间	运输里程 X（千公里①）	汽车费用 Y（千元）
2024年1月	18.21	138.26
2024年2月	15.46	106.29
2024年3月	5.18	70.61
2024年4月	8.16	85.37
2024年5月	10.16	86.09
2024年6月	12.73	90.73
2024年7月	15.74	92.16
2024年8月	8.96	75.84

① 此处公里未改为千米，以尊重交通运输行业表达习惯。

(续表)

时间	运输里程 X（千公里）	汽车费用 Y（千元）
2024 年 9 月	8.75	80.31
2024 年 10 月	14.38	89.36
2024 年 11 月	16.52	118.79
2024 年 12 月	16.79	112.88

二、预测方法

1. 高低点法

使用高低点法对营业成本的性态进行分析，并对 2025 年营业成本进行规划预测。

假设营业成本与营业收入之间关系的方程为：

$$y = a + bx$$

其中，y 为营业成本，x 为营业收入。

2. 回归分析法

使用回归分析法对营业成本的性态进行分析，并对 2025 年营业成本进行规划预测。

回归分析是根据过去一定期间的业务量和混合成本费用的历史资料，运用最小二乘法的原理，建立反映成本和业务量之间关系的回归方程，并据此确定混合成本中固定成本和变动成本的一种定量分析方法。其计算公式为：

$$Y = a + bX$$

$$b = \left(n\sum xy - \sum x \sum y\right) \div \left[n\sum x^2 - \left(\sum x\right)^2\right]$$

$$a = \left(\sum y - b\sum x\right) \div n$$

三、汽车费用预测

2025 年 1—6 月预计运输里程数据表如表 3-3 所示。

表 3-3

2025 年 1—6 月预计运输里程数据表

时间	预计运输里程 X（千公里）	时间	预计运输里程 X（千公里）
2025 年 1 月	14.30	2025 年 4 月	13.20
2025 年 2 月	9.80	2025 年 5 月	17.60
2025 年 3 月	10.10	2025 年 6 月	15.70

要求：以高低点法和回归分析法预测出的汽车费用的算数平均数作为 2025 年 1—6 月的汽车费用预算数。

资源3　变动成本及固定成本

星辰公司2024年仓储中心变动成本及固定成本如表3-4所示。

表3-4

2024年仓储中心变动成本及固定成本　　　　　　　　单位：元

项目	冷冻仓库	保温仓库	普通仓库	露天货场	合计
变动成本	6 143 822.35	7 656 348.15	9 242 228.50	8 144 097.80	31 186 496.80
固定成本	1 326 872.30	3 582 976.86	7 668 234.92	6 355 035.20	18 933 119.28

资源4　冷冻仓库经营分析与决策

2024年，星辰公司仓储中心冷冻仓库首次出现亏损。2024年年末，星辰公司召开经营会议，分析冷冻仓储服务项目亏损的原因，以寻求解决方案。

1. 分析观点

各中心经理的分析观点如下：

(1) 财务经理：2024年冷冻仓库仓储量为218 407立方米，每立方米平均存储服务单价为30元，仓储对象大部分是农产品，单位价值较低，占存空间大，成本偏高，导致了亏损。

(2) 运输中心经理：可以考虑暂停冷冻仓储服务，把冷冻仓库出租，预计年租金130万元，另外需承担租金总额12%的变动费用。

(3) 仓储中心经理：可以改变冷冻仓储服务对象，为医药用品和鲜活产品提供服务，预计年仓储量不变，每立方米存储服务单价可提高5元，但单位变动成本每立方米增加1元。

2. 相关数据

2024年仓储中心变动成本及固定成本统计表如表3-5所示。

表3-5

2024年仓储中心变动成本及固定成本统计表　　　　　　　单位：元

项目	冷冻仓库	保温仓库	普通仓库	露天货场	合计
变动成本	6 143 822.35	7 656 348.15	9 242 228.50	8 144 097.80	31 186 496.80
固定成本	1 326 872.30	3 582 976.86	7 668 234.92	6 355 035.20	18 933 119.28

要求：通过测算帮助总经理作出冷冻仓库后续如何经营的决策。

资源5　作业成本法

星辰公司仓储中心营业成本采用作业成本法核算，将仓储过程中所消耗的资源建立作业中心，并对每个成本设置不同的成本动因。通过成本动因精确分配间接费用从而计算成本，使管理层及时了解经营动态，有利于成本控制和业绩考核。2025年1月仓储中心收入成本资料统计如下。

1. 直接费用明细

2025年1月仓储中心直接费用明细表如表3-6所示。

表3-6

2025年1月仓储中心直接费用明细表　　　　　单位：元

项目		直接费用项目						
		职工薪酬	折旧费	保险费	租赁费	燃料	汽车费用	合计
仓储中心	冷冻仓库	327 032.36	22 178.00	95 433.00	0.00	0.00	0.00	444 643.36
	保温仓库	297 911.03	34 000.00	121 886.00	0.00	0.00	0.00	453 797.03
	普通仓库	375 103.48	33 100.00	106 690.00	0.00	0.00	0.00	514 893.48
	露天货场	316 592.64	13 728.00	105 092.00	168 000.00	0.00	0.00	603 412.64
	合计	1 316 639.51	103 006.00	429 101.00	168 000.00	0.00	0.00	2 016 746.51

2. 仓储中心间接费用及作业量

2025年1月仓储中心堆存间接费用与作业量统计表如表3-7所示。

表3-7

2025年1月仓储中心堆存间接费用与作业量统计表

作业类型	作业活动	作业动因	堆存间接费用（元）	作业量				
				冷冻仓库	保温仓库	普通仓库	露天货场	合计
入库管理	货物入仓安排	入库次数（次）	23 163.26	132	112	158	85	487
	货物签收搬运	货物重量（吨）	28 429.64	1 257	580	2 102	2 807	6 746
	货物入库登账	入库次数（次）	1 683.71	120	132	150	112	514
在库管理	货物堆存苫垫	堆存面积（平方米）	29 280.00	16 000	15 000	30 000	28 000	89 000
	仓库卫生清洁	清洁次数（次）	5 400.00	20	10	15	25	70
	货物在库管理	直接人工（小时）	14 780.23	1 160	1 010	1 350	2 160	5 680
出库管理	货物出仓备货	出库次数（次）	2 007.65	121	145	174	110	550
	货物拆卸搬运	货物重量（吨）	38 531.54	1 515	695	1 320	2 150	5 680
	货物出库登账	出库次数（次）	1 961.02	121	125	169	125	540
	合计		145 237.05	—	—	—	—	—

3. 仓储中心收入统计

2025年1月仓储中心收入明细表如表3-8所示。

表3-8

2025年1月仓储中心收入明细表　　　　　　　单位：元

项目	收入金额	项目	收入金额
冷冻仓库	543 841.00	露天货场	1 402 582.00
保温仓库	1 026 805.00	普通仓库	2 020 761.00
合计	4 973 630.00		

任务1　冷链相关设施情况分析

业务描述： 根据资源1，完成截至2023年年末我国各省（直辖市、自治区）冷链相关设施情况分析。以完整小数位引用计算，数量结果四舍五入保留整数，带"％"项目四舍五入保留"％"前2位小数，如3.24％。其余数据结果四舍五入保留2位小数。截至2023年年末我国各省（直辖市、自治区）冷链相关设施情况分析如表3-9所示。

表3-9

截至2023年年末我国各省（直辖市、自治区）冷链相关设施情况分析

序号	地区	冷链物流企业数量（个）	冷库总容量（千立方米）	各省冷库占比	各省冷藏车数量（辆）
1					
2					
3					
4					
5					
6					
7					
8					
9					
10					
11					

(续表)

序号	地区	冷链物流企业数量（个）	冷库总容量（千立方米）	各省冷库占比	各省冷藏车数量（辆）
12					
13					
14					
15					
以上各省（直辖市、自治区）各项目占全国总额的比重					

解题分析：利用 Excel 将资料中的表格进行排序。

任务2　成本性态分析

业务描述：根据资源2，完成运输中心成本性态分析。以完整小数位引用计算，结果四舍五入保留2位小数。成本性态分析表如表 3-10 所示。

表 3-10

成本性态分析表

分析方法	高低点法	回归直线法
单位变动成本 b（千元/千米）		
固定成本 a（千元）		

解题分析：

(1) 高低点根据最高值 y 选择最高点，最低值 y 选择最低点。

(2) 高低点法公式：$Y = a + bX$。

(3) 回归直线发公式：$b = \left(n\sum xy - \sum x \sum y\right) \div \left[n\sum x^2 - (\sum x)^2\right]$。

(4) $a = \left(\sum y - b\sum x\right) \div n$，其中 n 为期数。

任务3　汽车费用预测

业务描述：根据资源2及已完成相关任务结果，完成运输中心2025年7—12月汽车费用预测表。以完整小数位引用计算，结果四舍五入保留2位小数，汽车费用最终预测值四舍五入保留整数。2025年7—12月汽车费用预测表如表 3-11 所示。

表 3-11

2025 年 7—12 月汽车费用预测表

预测月份	预计运输里程(千公里)	汽车费用(千元)		
		回归直线法	高低点法	最终预测值

解题分析：利用任务 2 的结果公式代入本任务。

任务 4　正常情况下的营业利润分析

业务描述：根据公共报表及资源 3，完成 2024 年仓储中心营业利润统计表。以完整小数位引用计算，结果四舍五入保留 2 位小数。2024 年仓储中心营业利润统计表如表 3-12 所示。

表 3-12

2024 年仓储中心营业利润统计表　　　　单位：元

项目	冷冻仓库	保温仓库	普通仓库	露天货场	合计
营业收入					
变动成本					
边际贡献					
固定成本					
营业利润					

解题分析：

（1）边际贡献＝营业收入－变动成本。

（2）营业利润＝边际贡献－固定成本。

任务 5　暂停冷冻仓储服务情况下的营业利润分析

业务描述：假设其他条件不变，星辰公司暂停冷冻仓储服务，其固定成本按营业收入比重分配给保温仓库、普通仓库和露天货场。根据资源 4，编制暂停冷冻仓储服务后的仓储中心营业利润表。以完整小数位引用计算，结果四舍五入保留 2 位小数。仓储中心营业利润表如表 3-13 所示。

表 3-13

仓储中心营业利润表　　　　　　　　　　　　　　　　　单位：元

项目	保温仓库	普通仓库	露天货场	合计
营业收入				
营业收入占比				
变动成本				
边际贡献				
边际贡献率				
固定成本				
营业利润				

注：该表填写暂停冷冻仓储服务后的仓储中心的相关数据。

解题分析：

（1）各仓库营业收入占比＝各仓库收入÷总收入。

（2）各仓库边际贡献率＝各仓库边际贡献÷各仓库的营业收入。

（3）各仓库固定成本＝按营业收入比重分配的冷冻仓储服务的固定成本＋各仓库的固定成本。

（4）营业利润＝边际贡献－固定成本。

任务6　出租、改变服务对象边际贡献分析

业务描述： 根据资源 4 中运输中心经理和仓储中心经理的建议，计算冷冻仓库出租或改变服务对象的边际贡献。以完整小数位引用计算，结果四舍五入保留 2 位小数。出租、改变服务对象边际贡献分析如表 3-14 所示。

表 3-14

出租、改变服务对象边际贡献分析　　　　　　　　　　　单位：元

项目	出租	改变服务对象
营业收入		
变动成本		
边际贡献		

解题分析：

（1）出租收入按照租金计算，改变服务对象的收入需要按照增加的单位金额乘以总立方米。

（2）出租变动成本＝租金×变成费用率，改变服务对象的变动费用＝总立方米×单位变动单价。

(3)边际贡献＝营业收入－变动成本。

任务 7　各方案营业利润分析

业务描述： 根据资源 4 及已完成相关任务结果，完成 3 种方案下仓储中心营业利润计算。以完整小数位引用计算，结果四舍五入保留 2 位小数。仓储中心营业利润计算表如表 3-15 所示。

表 3-15

仓储中心营业利润计算表　　　　　　　　单位：元

项目	方案1：暂停	方案2：出租	方案3：改变服务对象
边际贡献			
固定成本			
营业利润			

解题分析：

(1)方案 2 和方案 3 的边际贡献需在基础的边际贡献上加上方案 1 的边际贡献。

(2)边际贡献＝营业收入－变动成本。

任务 8　间接费用分配分析

业务描述： 根据资源 5，采用作业成本法完成星辰公司 2025 年 1 月仓储中心间接费用分配。以完整小数位引用计算，作业量四舍五入保留整数，其余结果四舍五入保留 2 位小数。2025 年 1 月仓储中心间接费用分配表如表 3-16 所示。

表 3-16

2025 年 1 月仓储中心间接费用分配表　　　　　　　　金额单位：元

作业类型	作业活动	作业动因	堆存间接费用	单位作业分配率	冷冻仓库		保温仓库		普通仓库		露天货场	
					作业量	作业成本	作业量	作业成本	作业量	作业成本	作业量	作业成本
入库管理	货物入仓签收	入库次数（次）										
	货物签收搬运	货物重量（吨）										
	货物入库登账	入库次数（次）										

(续表)

作业类型	作业活动	作业动因	堆存间接费用	单位作业分配率	冷冻仓库		保温仓库		普通仓库		露天货场	
					作业量	作业成本	作业量	作业成本	作业量	作业成本	作业量	作业成本
在库管理	货物堆存苫垫	堆存面积（平方米）										
	仓库卫生清洁	清洁次数（次）										
	货物在库管理	直接人工（小时）										
出库管理	货物出仓备货	出库次数（次）										
	货物拆卸搬运	货物重量（吨）										
	货物出库登账	出库次数（次）										
合计			**	—		—		—		—		—

解题分析：作业分配率＝总费用÷总作业量。

任务 9 作业成本法下的营业成本分析

业务描述：根据资源 5 及已完成相关任务结果，完成 2025 年 1 月仓储中心营业成本计算表。以完整小数位引用计算，结果四舍五入保留 2 位小数。2025 年 1 月仓储中心营业成本计算表如表 3-17 所示。

表 3-17

2025 年 1 月仓储中心营业成本计算表   单位：元

项目	直接费用	间接费用	合计
冷冻仓库			
保温仓库			
普通仓库			
露天货场			

任务 10 传统成本法下的营业成本分析

业务描述：在传统成本法下，间接费用按照收入比重在各仓库之间进行分配。根据资源 5 及已完成相关任务结果,完成 2025 年 1 月仓储中心营业成本计算表。以完整小数位引用计算,结果四舍五入保留 2 位小数。2025 年 1 月仓储中心营业成本计算表如表 3-18 所示。

表 3-18

2025 年 1 月仓储中心营业成本计算表　　　　　　　　　　单位:元

项目	收入	占比	间接费用	直接费用	合计
冷冻仓库					
保温仓库					
普通仓库					
露天货场					
合计					

注:表 3-18 计算的是传统成本法下的营业成本,各间接费用按照收入比重在各仓库之间进行分配。

解题分析:收入占比=各仓库收入÷总收入×100%。

任务 11　成本差异分析

业务描述:与作业成本法相比,在传统成本法下,间接费用按照收入比重在各仓库之间进行分配。根据资源 5 及已完成相关任务结果,完成成本差异分析。以完整小数位引用计算,结果四舍五入保留 2 位小数。成本差异分析如表 3-19 所示。

表 3-19

成本差异分析　　　　　　　　　　单位:元

项目	营业成本		差异 (作业-传统)	差异率
	作业成本法	传统成本法		
冷冻仓库				
保温仓库				
普通仓库				
露天货场				

解题分析:

(1)差异=作业成本法下的金额-传统成本法下的金额。

(2)差异率=各差异金额÷传统成本法下的金额。

岗位四

绩效管理岗位

实训目标

- 熟悉绩效管理的原则和应用程序
- 掌握关键绩效指标法的计算和应用
- 掌握平衡计分卡的原理和应用
- 掌握综合业绩报告、经营分析报告的编制
- 掌握收入成本费用分析方法
- 坚持公平、和谐和公正的价值理念

实训内容

- 2024年部分指标考核法-Ⅰ
- 2024年部分指标考核法-Ⅱ
- 总经理业绩评价
- 销售毛利分析
- 销售占比分析
- 资产结构分析
- 企业经营状况分析
- 企业综合业绩评价
- 母公司净资产收益率因素分解表

 岗位资源

平衡计分卡

2025年1月,星辰公司开始对公司2024年的业绩进行考核与评价,采用平衡计分卡,从财务、客户、内部流程及学习与成长4个维度展开。

一、客户层面关键绩效指标统计表

客户层面关键绩效指标统计表如表4-1所示。

表4-1

客户层面关键绩效指标统计表

项目	2023年实际	2024年预计	2024年实际
普通合作客户数量(家)	13 650	16 700	16 200
普通合作客户营业额(元)	45 652 740	53 049 400	52 513 949
战略合作客户数量(家)	9	14	13
战略合作客户营业额(元)	13 434 470	17 683 285	18 408 506

二、绩效指标考核得分及业绩评定标准说明

绩效指标考核得分及业绩评定标准如表4-2所示。

表4-2

绩效指标考核得分及业绩评定标准

项目	说明
完成度计算规则	指标极性为"正"完成度=(实际值÷目标值)×100%
	指标极性为"负"完成度=(2-实际值÷目标值)×100%
完成度得分规则	完成度≥100%,得100分
	100%>完成度≥95%,得90分
	95%>完成度≥90%,得80分
	90%>完成度≥85%,得70分
	85%>完成度≥80%,得60分
	80%>完成度≥70%,得50分
	70%>完成度≥60%,得40分
	完成度<60%,得0分
业绩评定标准	最终得分≥95分,卓越,奖金比例:100%
	95>最终得分≥90分,高于期望,奖金比例:80%

(续表)

项目	说明
业绩评定标准	90＞最终得分≥70 分，与期望一致，奖金比例：60%
	70＞最终得分≥65 分，低于期望，无奖金
	最终得分＜65 分，不可接受，无奖金

三、部分绩效指标计算公式

部分绩效指标计算公式如表 4-3 所示。

表 4-3

部分绩效指标计算公式

指标名称	计算公式
普通合作客户数量增长率	[(本期普通合作客户数量－上期普通合作客户数量)÷上期普通合作客户数量]×100%
普通合作客户营业额增长率	[(本期普通合作客户营业额－上期普通合作客户营业额)÷上期普通合作客户营业额]×100%
战略合作客户数量增长率	[(本期战略合作客户数量－上期战略合作客户数量)÷上期战略合作客户数量]×100%
战略合作客户营业额增长率	[(本期战略合作客户营业额－上期战略合作客户营业额)÷上期战略合作客户营业额]×100%
应收账款周转次数	本期营业收入÷[(本期末应收账款＋上期末应收账款)÷2]
流动资产周转次数	本期营业收入÷[(本期末流动资产＋上期末流动资产)÷2]
总资产报酬率	本期净利润÷[(本期末总资产＋上期末总资产)÷2]
人均营业收入	本期营业收入÷本期期末总人数
人均净利润	本期净利润÷本期期末总人数
员工满意度	满意的员工总人数÷受调查的员工总人数

注：在计算以上指标目标值时，上期数据引用上期实际数进行计算；计算毛利率时，间接成本平均分配。

四、集团内部人员构成

集团内部人员构成明细表如表 4-4 所示。

表 4-4

集团内部人员构成明细表

单位：人

项目		实际情况		预算情况	
		2023 年	2024 年	2023 年	2024 年
员工人数	上期末员工总数	3 800	3 940	3 800	3 940
	当期新入职员工总数	220	280	240	260

(续表)

项目		实际情况		预算情况	
		2023 年	2024 年	2023 年	2024 年
员工人数	当期离职员工总数	80	120	110	80
	当期末员工总数	3 940	4 100	3 930	4 120
学历背景	研究生及以上	104	114	90	110
	大专/本科学历	1 121	1 265	1 100	1 250
	高中/中专	2 085	2 139	2 090	2 150
	高中/中专以下	630	582	650	610
	合计	3 940	4 100	3 930	4 120

星辰公司为收集员工对 2024 年工作的满意情况，共发送了 1 500 张调查问卷，公司预计 80% 的员工将表达满意，但受调查的员工中有 1 350 人填写"满意"。

五、集团总经理奖金计算规则

（1）总经理工资＝固定工资＋实发的奖金。
（2）奖金＝奖金总额×绩效发放比率。
（3）发放比率查看表 4-2；其他资源详见"附录二"。

 岗位任务

任务 1　2024 年部分指标考核法-Ⅰ

业务描述：根据"附录二"及岗位资源，完成母公司 2024 年财务层面、客户层面考核表。以完整小数位引用计算，结果四舍五入保留 2 位小数，带"％"的项目四舍五入保留"％"前 2 位小数，如 3.24％。2024 年部分指标考核表-Ⅰ 如表 4-5 所示。

表 4-5

2024 年部分指标考核表-Ⅰ

项目	指标名称	指标极性	指标权重	目标值	实际值	完成度	考核得分	考核总分
财务层面	营业收入(元)	正	15％					
	息税前利润(元)	正	12％					
	净利润(元)	正	13％					
	速动比率	正	6％					
	现金比率	正	6％					
	资产负债率	负	10％					

(续表)

项目	指标名称	指标极性	指标权重	目标值	实际值	完成度	考核得分	考核总分
财务层面	应收账款周转次数(次)	正	8%					
	流动资产周转次数(次)	正	8%					
	营业净利率	正	11%					
	总资产报酬率	正	11%					
客户层面	普通合作客户数量增长率	正	12%					
	普通合作客户营业额增长率	正	12%					
	战略合作客户数量增长率	正	15%					
	战略合作客户营业额增长率	正	15%					
	客户满意率	正	12%	96%	92%			
	客户投诉次数(次)	负	8%	248	284			
	客户投诉解决率	正	8%	100%	95%			
	活动推广次数(次)	正	6%	18	20			
	客户忠诚度	正	6%	55%	50%			
	品牌知名度	正	6%	40%	38%			

解题分析：

（1）注意岗位资源中已给出的该部分公式所需数据，计算时需使用岗位资源的数据。

（2）计算完成度时，要考虑指标极性进而采用不同公式计算，再根据完成度填入对应的分数，每一模块的分数为加权平均分。

任务2　2024年部分指标考核法-Ⅱ

业务描述： 根据"附录二"及岗位资源，完成母公司2024年内部流程、学习与成长考核表。以完整小数位引用计算，结果四舍五入保留2位小数，带"%"的项目四舍五入保留"%"前2位小数，如3.24%。2024年部分指标考核表-Ⅱ如表4-6所示。

表4-6

2024年度部分指标考核表-Ⅱ

项目	指标名称	指标极性	指标权重	目标值	实际值	完成度	考核得分	考核总分
内部流程	存货(成本)周转天数(天)	负	15%					
	交货及时率	正	10%	100%	95%			
	非流动资产周转率(次)	正	12%					

(续表)

项目	指标名称	指标极性	指标权重	目标值	实际值	完成度	考核得分	考核总分
内部流程	流动资产周转天数(天)	负	10%					
	采购完成率	正	6%	100%	99%			
	仓储服务毛利率	正	17%	50%				
	物流服务毛利率	正	16%	50%				
	战略合作客户拜访次数(次)	正	8%	30	26			
	策划方案成功率	正	6%	90%	85%			
学习与成长	人均营业收入(元/人)	正	11%					
	高学历水平员工(大专及以上)占比	正	10%					
	员工获得提升比率	正	8%	80%	78%			
	人均净利润(元/人)	正	8%					
	培训计划完成率	正	10%	100%	100%			
	培训组织和课程满意度	正	6%	92%	90%			
	薪酬总量计划完成率	正	14%	100%	100%			
	员工技能提升率	正	12%	90%	86%			
	员工满意度	正	15%					
	创新建议被采纳率	正	6%	10%	5%			

解题分析：

（1）注意岗位资源中的平衡计分卡公式，避免公式使用错误而导致计算错误。

（2）计算完成度时，要考虑指标极性进而采用不同公式计算，再根据对应完成度填入对应的分数，每一模块的分数为加权平均分。

任务3　总经理业绩评价

业务描述：根据"附录二"、岗位资源及已完成相关任务结果，完成总经理绩效评价表。以完整小数位引用计算，结果四舍五入保留2位小数，带"％"的项目四舍五入保留"％"前2位小数，如3.24％。总经理业绩评价表如表4-7所示。

表4-7

总经理业绩评价表

受约人职位	总经理	发约人职位	董事长	合同期限	3年
受约人姓名	—	发约人姓名	—	年薪	50万元(固定工资占比：60％)

(续表)

序号	层面	权重	目标得分	实际得分	加权得分
1	财务层面	35%	100		
2	客户层面	35%	100		
3	内部流程层面	15%	100		
4	学习与成长层面	15%	100		
其他加减分调整	无				
分数合计(分)					
年度收入(元)					
固定工资(元)					
奖金发放比例					
奖金(元)					
受约人签字:	—				
发约人签字:	—				

解题分析：

（1）管理者薪资计算是绩效管理的一大重点，但计算时极其依赖计分卡结果的准确度。

（2）关键公式提示：年度收入＝固定工资＋实际发放的奖金，计算时要注意先计算实际发放的奖金金额，奖金依据公司平衡计分卡情况按比例发放，并非百分百全额发放。

任务4　销售毛利分析

业务描述：根据"附录二"，完成母公司销售毛利分析表。以完整小数位引用计算，结果四舍五入保留 2 位小数，带"％"的项目四舍五入保留"％"前 2 位小数，如 3.25％。母公司销售毛利分析表如表 4-8 所示。

表 4-8

母公司销售毛利分析表　　　　　　　　　　　　单位：元

项目		2024 年			2023 年			毛利增长率
		收入	成本	毛利	收入	成本	毛利	
销售合计								
仓储服务	冷冻仓库							
	保温仓库							

(续表)

项目		2024年			2023年			毛利增长率
		收入	成本	毛利	收入	成本	毛利	
仓储服务	普通仓库							
	露天货场							
	小计							
物流服务	收派服务							
	运输服务							
	小计							

注：间接营业成本平均分配至每一个销售项目。

解题分析：

(1) 表格下的注释起到了点拨的作用，提醒我们对已有数据进行处理，一定程度上增加了计算量，同时也体现了绩效管理对部分数据的处理方式。

(2) 注意数据保存格式的不同，做题时要注意数据格式的调整。

任务5 销售占比分析

业务描述：根据"附录二"，完成母公司销售结构分析表。以完整小数位引用计算，结果四舍五入保留"‰"前2位小数。母公司销售结构分析表如表4-9所示。

表4-9

母公司销售结构分析表

项目		收入占比			成本占比			毛利占比		
		2024年	2023年	差异	2024年	2023年	差异	2024年	2023年	差异
仓储服务收入	冷冻仓库									
	保温仓库									
	普通仓库									
	露天仓库									
	小计									
物流服务收入	收派服务									
	运输服务									
	小计									
合计										

注：占比是指各系列收入、成本、毛利占公司总收入、总成本、总毛利的比重。

解题分析：

(1) 本任务的成本沿用任务4的成本进行计算，在计算时要对间接成本进行平均分摊，这在一定程度上增加了计算量。

（2）数据的处理是绩效管理的一大重点，在面临大量数据时，要对数据进行处理与选择。

任务 6　资产结构分析

业务描述： 根据"附录二"，完成资产负债项目结构分析表。以完整小数位引用计算，结果四舍五入保留"％"前 2 位小数。资产负债项目结构分析表如表 4-10 所示。

表 4-10

资产负债项目结构分析表

项目	2024 年年末比率	2023 年年末比率	比率变化
资产内部结构分析：	—	—	—
流动资产结构比率			
货币资金结构比率			
应收账款结构比率			
存货结构比率			
非流动资产结构比率			
固定资产结构比率			
无形资产结构比率			
负债内部结构分析：	—	—	—
流动负债结构比率			
应付账款结构比率			
应付职工薪酬结构比率			
其他应付款结构比率			
所有者权益内部结构分析：	—	—	—
实收资本（或股本）结构比率			
盈余公积结构比率			
未分配利润结构比率			

注：比率是指某一项目占其相邻上级的比重，如存货占流动资产、流动资产占总资产的比重。

解题分析：

（1）注意计算的年份，先计算 2024 年的比率，再计算 2023 年的比率。

（2）注意表格下方的注释消息，比率＝本级项目÷相邻上级项目；比率变化＝2024 年比率－2023 年比率。

任务7　企业经营状况分析

业务描述：根据"附录二"，完成母公司2024年预算执行情况。以完整小数位引用计算，结果四舍五入保留2位小数，带"％"的项目四舍五入保留"％"前2位小数，如3.24％。2024年预算执行情况如表4-11所示。

表4-11

2024年预算执行情况　　　　　　　　　　　　　　　　　单位：元

项目	2024年预算	2024年实际	实际与预算差异额	实际与预算差异率
营业收入				
营业成本				
税金及附加				
销售费用				
管理费用				
研发费用				—
财务费用				
利润总额				
营业成本率				
税金及附加率				
销售费用率				
管理费用率				

解题分析：

（1）营业成本率＝营业成本÷营业收入。

（2）税金及附加率＝税金及附加÷营业收入。

（3）注意先计算预算数，再计算实际数；计算差异率时可直接用差异额或预算数。

任务8　企业综合业绩评价

业务描述：根据"附录二"，完成母公司2024年综合业绩完成情况报告。以完整小数位引用计算，结果四舍五入保留2位小数，带"％"的项目四舍五入保留"％"前2位小数，如3.24％。总资产收益率和净资产收益率预算均使用预算数进行计算。母公司2024年综合业绩报告如表4-12所示。

表 4-12

母公司 2024 年综合业绩报告　　　　　　　单位:元

项 目	预算执行对比			
	全年预算	实际完成	差异	差异率
营业收入				
营业成本				
毛利				
净利润				
毛利率				
净利率				
总资产				
总负债				
净资产				
资产负债率				
总资产收益率				
净资产收益率				

解题分析:

(1) 毛利率＝(营业收入－营业成本)÷营业收入。

(2) 净利率＝净利润÷营业收入。

(3) 总(净)资产收益率＝净利润÷平均总(净)资产。

(4) 计算表 4-12 时,需考虑先后顺序,先完成预算数,再完成实际数。计算差异时需明白,此处的差异为实际数减预算数。

任务9　母公司净资产收益率因素分解表

业务描述: 根据"附录二",完成母公司净资产收益率因素分解表。以完整小数位引用计算,结果四舍五入保留 2 位小数,带"％"的项目四舍五入保留"％"前 2 位小数,如 3.25％。影响大小排序以数字 1～3 填列。母公司净资产收益率因素分解表如表 4-13 所示。

表 4-13

母公司净资产收益率因素分解表　　　　　　金额单位:元

因素分析	指标名称	2024 年	2023 年	第一因素替代	第二因素替代	第三因素替代	影响大小排序
分析对象	净资产收益率						—
第一因素	营业净利率						

(续表)

因素分析	指标名称	2024年	2023年	第一因素替代	第二因素替代	第三因素替代	影响大小排序
第二因素	总资产周转率（次）						
第三因素	权益乘数						
因素对净资产收益率变化产生的影响							—

注：资产负债表数据以期末数计算，2023年营业收入为 70 859 455 元，净利润为 8 409 275.52 元。

解题分析：

（1）净资产收益率＝营业净利率×总资产周转率×权益乘数。

（2）完成该任务时，要注意单位要分开调整，部分数据保留 2 位小数，部分数据为百分比形式。

（3）需注意连环替代的替代顺序与计算公式。

（4）注意表格下方的注释消息，资产负债表的数据均用期末数计算，与我们平时计算时有差异。

（5）影响以绝对值进行比较。

附录一

资金时间价值系数

附表 1

复利终值系数表

期数	1%	2%	3%	4%	5%	6%	7%	8%	9%	10%
1	1.010 0	1.020 0	1.030 0	1.040 0	1.050 0	1.060 0	1.070 0	1.080 0	1.090 0	1.100 0
2	1.020 1	1.040 4	1.060 9	1.081 6	1.102 5	1.123 6	1.144 9	1.166 4	1.188 1	1.210 0
3	1.030 3	1.061 2	1.092 7	1.124 9	1.157 6	1.191 0	1.225 0	1.259 7	1.295 0	1.331 0
4	1.040 6	1.082 4	1.125 5	1.169 9	1.215 5	1.262 5	1.310 8	1.360 5	1.411 6	1.464 1
5	1.051 0	1.104 1	1.159 3	1.216 7	1.276 3	1.338 2	1.402 6	1.469 3	1.538 6	1.610 5
6	1.061 5	1.126 2	1.194 1	1.265 3	1.340 1	1.418 5	1.500 7	1.586 9	1.677 1	1.771 6
7	1.072 1	1.148 7	1.229 9	1.315 9	1.407 1	1.503 6	1.605 8	1.713 8	1.828 0	1.948 7
8	1.082 9	1.171 7	1.266 8	1.368 6	1.477 5	1.593 8	1.718 2	1.850 9	1.992 6	2.143 6
9	1.093 7	1.195 1	1.304 8	1.423 3	1.551 3	1.689 5	1.838 5	1.999 0	2.171 9	2.357 9
10	1.104 6	1.219 0	1.343 9	1.480 2	1.628 9	1.790 8	1.967 2	2.158 9	2.367 4	2.593 7
11	1.115 7	1.243 4	1.384 2	1.539 5	1.710 3	1.898 3	2.104 9	2.331 6	2.580 4	2.853 1
12	1.126 8	1.268 2	1.425 8	1.601 0	1.795 9	2.012 2	2.252 2	2.518 2	2.812 7	3.138 4
13	1.138 1	1.293 6	1.468 5	1.665 1	1.885 6	2.132 9	2.409 8	2.719 6	3.065 8	3.452 3
14	1.149 5	1.319 5	1.512 6	1.731 7	1.979 9	2.260 9	2.578 5	2.937 2	3.341 7	3.797 5
15	1.161 0	1.345 9	1.558 0	1.800 9	2.078 9	2.396 6	2.759 0	3.172 2	3.642 5	4.177 2

附表 2

复利现值系数表

期数	1%	2%	3%	4%	5%	6%	7%	8%	9%	10%
1	0.990 1	0.980 4	0.970 9	0.961 5	0.952 4	0.943 4	0.934 6	0.925 9	0.917 4	0.909 1
2	0.980 3	0.961 2	0.942 6	0.924 6	0.907 0	0.890 0	0.873 4	0.857 3	0.841 7	0.826 4
3	0.970 6	0.942 3	0.915 1	0.889 0	0.863 8	0.839 6	0.816 3	0.793 8	0.772 2	0.751 3
4	0.961 0	0.923 8	0.888 5	0.854 8	0.822 7	0.792 1	0.762 9	0.735 0	0.708 4	0.683 0
5	0.951 5	0.905 7	0.862 6	0.821 9	0.783 5	0.747 3	0.713 0	0.680 6	0.649 9	0.620 9
6	0.942 0	0.888 0	0.837 5	0.790 3	0.746 2	0.705 0	0.666 3	0.630 2	0.596 3	0.564 5
7	0.932 7	0.870 6	0.813 1	0.759 9	0.710 7	0.665 1	0.622 7	0.583 5	0.547 0	0.513 2
8	0.923 5	0.853 5	0.789 4	0.730 7	0.676 8	0.627 4	0.582 0	0.540 3	0.501 9	0.466 5
9	0.914 3	0.836 8	0.766 4	0.702 6	0.644 6	0.591 9	0.543 9	0.500 2	0.460 4	0.424 1
10	0.905 3	0.820 3	0.744 1	0.675 6	0.613 9	0.558 4	0.508 3	0.463 2	0.422 4	0.385 5
11	0.896 3	0.804 3	0.722 4	0.649 6	0.584 7	0.526 8	0.475 1	0.428 9	0.387 5	0.350 5
12	0.887 4	0.788 5	0.701 4	0.624 6	0.556 8	0.197 0	0.444 0	0.397 1	0.355 5	0.318 6
13	0.878 7	0.773 0	0.681 0	0.600 6	0.530 3	0.468 8	0.415 0	0.367 7	0.326 2	0.289 7
14	0.870 0	0.757 9	0.661 1	0.577 5	0.505 1	0.442 3	0.387 8	0.340 5	0.299 2	0.263 3
15	0.861 3	0.743 0	0.641 9	0.555 3	0.481 0	0.417 3	0.362 4	0.315 2	0.274 5	0.239 4

附表 3

年金终值系数表

期数	1%	2%	3%	4%	5%	6%	7%	8%	9%	10%
1	1.000 0	1.000 0	1.000 0	1.000 0	1.000 0	1.000 0	1.000 0	1.000 0	1.000 0	1.000 0
2	2.010 0	2.020 0	2.030 0	2.040 0	2.050 0	2.060 0	2.070 0	2.080 0	2.090 0	2.100 0
3	3.030 1	3.060 4	3.090 9	3.121 6	3.152 5	3.183 6	3.214 9	3.246 4	3.278 1	3.310 0
4	4.060 4	4.121 6	4.183 6	4.246 5	4.310 1	4.374 6	4.439 9	1.506 1	4.573 1	1.641 0
5	5.101 0	5.204 0	5.309 1	5.416 3	5.525 6	5.637 1	5.750 7	5.866 6	5.984 7	6.105 1
6	6.152 0	6.308 1	6.468 4	6.633 0	6.801 9	6.975 3	7.153 3	7.335 9	7.523 3	7.715 6
7	7.213 5	7.434 3	7.662 5	7.898 3	8.142 0	8.393 8	8.654 0	8.922 8	9.200 4	9.487 2
8	8.285 7	8.583 0	8.892 3	9.214 2	9.549 1	9.897 5	10.260 0	10.637 0	11.029 0	11.436 0
9	9.368 5	9.754 6	10.159 0	10.583 0	11.027 0	11.491 0	11.978 0	12.488 0	13.021 0	13.580 0
10	10.462 0	10.950 0	11.464 0	12.006 0	12.578 0	13.181 0	13.816 0	14.487 0	15.193 0	15.937 0
11	11.567 0	12.169 0	12.808 0	13.486 0	14.207 0	14.972 0	15.784 0	16.646 0	17.560 0	18.531 0
12	12.683 0	13.412 0	14.192 0	15.026 0	15.917 0	16.870 0	17.889 0	18.977 0	20.141 0	21.384 0
13	13.809 0	14.680 0	15.618 0	16.627 0	17.713 0	18.882 0	20.141 0	21.495 0	22.953 0	24.523 0
14	14.947 0	15.974 0	17.086 0	18.292 0	19.599 0	21.015 0	22.551 0	24.215 0	26.019 0	27.975 0
15	16.097 0	17.293 0	18.599 0	20.024 0	21.579 0	23.276 0	25.129 0	27.152 0	29.361 0	31.773 0

附表 4

年金现值系数表

期数	1%	2%	3%	4%	5%	6%	7%	8%	9%	10%
1	0.990 1	0.980 4	0.970 9	0.961 5	0.952 4	0.943 4	0.934 6	0.925 9	0.917 4	0.909 1
2	1.970 4	1.941 6	1.913 5	1.886 1	1.859 4	1.833 4	1.808 0	1.783 3	1.759 1	1.735 5
3	2.941 0	2.883 9	2.828 6	2.775 1	2.723 2	2.673 0	2.624 3	2.577 1	2.531 3	2.486 9
4	3.902 0	3.807 7	3.717 1	3.629 9	3.546 0	3.465 1	3.387 2	3.312 1	3.239 7	3.169 9
5	4.853 4	1.713 5	4.579 7	4.451 8	4.329 5	1.212 4	4.100 2	3.992 7	3.889 7	3.790 8
6	5.795 5	5.601 4	5.417 2	5.242 1	5.075 7	4.917 3	4.766 5	4.622 9	4.485 9	4.355 3
7	6.728 2	6.472 0	6.230 3	6.002 1	5.786 4	5.582 4	5.389 3	5.206 4	5.033 0	4.868 4
8	7.651 7	7.325 5	7.019 7	6.732 7	6.463 2	6.209 8	5.971 3	5.746 6	5.534 8	5.334 9
9	8.566 0	8.162 2	7.786 1	7.435 3	7.107 8	6.801 7	6.515 2	6.246 9	5.995 2	5.759 0
10	9.471 3	8.982 6	8.530 2	8.110 9	7.721 7	7.360 1	7.023 6	6.710 1	6.417 7	6.144 6
11	10.367 6	9.786 8	9.252 6	8.760 5	8.306 4	7.886 9	7.498 7	7.139 0	6.805 2	6.495 1
12	11.255 1	10.575 3	9.954 0	9.385 1	8.863 3	8.383 8	7.942 7	7.536 1	7.160 7	6.813 7
13	12.133 7	11.348 4	10.635 0	9.985 6	9.393 6	8.852 7	8.357 7	7.903 8	7.486 9	7.103 4
14	13.003 7	12.106 2	11.296 1	10.563 1	9.898 6	9.295 0	8.745 5	8.244 2	7.786 9	7.366 7
15	13.865 1	12.849 3	11.937 9	11.118 4	10.379 7	9.712 2	9.107 9	8.559 5	8.060 7	7.606 1

附录二

公共报表

附表 1

实际资产负债表

单位:元

资产	2024 年年末	2023 年年末	负债及所有者权益（或股东权益）	2024 年年末	2023 年年末
流动资产：	—	—	流动负债：	—	—
货币资金	1 260 413.77	500 646.74	短期借款		5 100 000.00
交易性金融资产			交易性金融负债		
衍生金融资产			衍生金融负债		
应收票据			应付票据		
应收账款	7 243 757.64	4 089 340.87	应付账款	1 387 418.68	2 975 157.54
应收款项融资			预收款项		
预付款项			合同负债		
其他应收款	145 800.00	52 000.00	应付职工薪酬	3 186 738.44	3 027 401.52
其中:应收利息			应交税费	1 272 371.26	1 285 520.34
应收股利			其他应付款	82 300.00	329 080.00
存货	67 216.33	34 999.72	其中:应付利息		
合同资产			应付股利		
持有待售资产			持有待售负债		
一年内到期的非流动资产			一年内到期的非流动负债		
其他流动资产			其他流动负债		
流动资产合计	8 717 187.74	4 676 987.33	流动负债合计	5 928 828.38	12 717 159.40
非流动资产：	—	—	非流动负债：	—	—
债权投资			长期借款		
其他债权投资			应付债券		
长期应收款			其中:优先股		
长期股权投资			永续债		
其他权益工具投资			租赁负债		
其他非流动金融资产			长期应付款		
投资性房地产			长期应付职工薪酬		
固定资产	19 040 552.00	21 175 928.00	预计负债		
在建工程			递延收益		
生产性生物资产			递延所得税负债		
油气资产			其他非流动负债		

(续表)

资产	2024年年末	2023年年末	负债及所有者权益（或股东权益）	2024年年末	2023年年末
使用权资产			非流动负债合计		
无形资产	6 064 720.00	6 343 600.00	负债合计	5 928 828.38	12 717 159.40
开发支出			所有者权益（或股东权益）：	—	—
商誉			实收资本（或股本）	12 000 000.00	12 000 000.00
长期待摊费用			其他权益工具		
递延所得税资产			其中：优先股		
其他非流动资产			永续债		
非流动资产合计	25 105 272.00	27 519 528.00	资本公积		
			减：库存股		
			其他综合收益		
			专项储备		
			盈余公积	1 589 363.13	747 935.59
			未分配利润	14 304 268.23	6 731 420.34
			所有者权益（或股东权益）合计	27 893 631.36	19 479 355.93
资产总计	33 822 459.74	32 196 515.33	负债及所有者权益（或股东权益）总计	33 822 459.74	32 196 515.33

附表2

实际利润表

单位：元

项目	2024年
一、营业收入	70 963 455.00
减：营业成本	36 661 927.65
税金及附加	426 483.03
销售费用	13 481 649.91
管理费用	9 133 335.60
研发费用	
财务费用	127 975.00
其中：利息费用	127 975.00
利息收入	
加：其他收益	86 950.10
投资收益（损失以"—"号填列）	
其中：对联营企业和合营企业的投资收益	
以摊余成本计量的金融资产终止确认收益	
净敞口套期收益（损失以"—"号填列）	

(续表)

项目	2024 年
公允价值变动收益(损失以"—"号填列)	
信用减值损失(损失以"—"号填列)	
资产减值损失(损失以"—"号填列)	
资产处置收益(损失以"—"号填列)	
二、营业利润(亏损以"—"号填列)	11 219 033.91
加:营业外收入	
减:营业外支出	
三、利润总额(亏损总额以"—"号填列)	11 219 033.91
减:所得税费用	2 804 758.48
四、净利润(净亏损以"—"号填列)	8 414 275.43

附表 3

2024 年营业收入明细表

单位:元

项目		第 1 季度	第 2 季度	第 3 季度	第 4 季度	合计
仓储服务收入	冷冻仓库	1 287 620.00	1 543 900.00	1 929 850.00	1 222 250.00	5 983 620.00
	保温仓库	2 825 800.00	3 240 710.00	3 769 650.00	3 087 205.00	12 923 365.00
	普通仓库	4 675 560.00	5 376 900.00	6 462 280.00	7 097 520.00	23 612 260.00
	露天货场	3 382 250.00	3 774 585.00	4 526 510.00	5 095 700.00	16 779 045.00
	小计	12 171 230.00	13 936 095.00	16 688 290.00	16 502 675.00	59 298 290.00
物流服务收入	收派服务	926 550.00	1 014 550.00	1 107 050.00	1 384 820.00	4 432 970.00
	运输服务	1 512 560.00	1 663 800.00	1 894 700.00	2 268 850.00	7 339 910.00
	小计	2 439 110.00	2 678 350.00	3 001 750.00	3 653 670.00	11 772 880.00
合计		14 610 340.00	16 614 445.00	19 690 040.00	20 156 345.00	71 071 170.00

附表 4

2023 年仓储成本明细表

单位:元

项目			第 1 季度	第 2 季度	第 3 季度	第 4 季度	合计
堆存直接费用	冷冻仓库	职工薪酬	849 702.70	871 455.80	1 174 031.30	1 161 458.00	4 056 647.80
		折旧费	71 784.00	71 784.00	87 784.00	71 784.00	303 136.00
		保险费	271 600.00	317 800.00	375 300.00	371 500.00	1 336 200.00
		小计	1 193 086.70	1 261 039.80	1 637 115.30	1 604 742.00	5 695 983.80
	保温仓库	职工薪酬	1 004 629.38	1 145 678.14	1 388 419.62	1 373 550.25	4 912 277.39
		折旧费	104 000.00	104 000.00	104 000.00	104 000.00	416 000.00
		保险费	325 900.00	375 500.00	450 400.00	445 600.00	1 597 400.00
		小计	1 434 529.38	1 625 178.14	1 942 819.62	1 923 150.25	6 925 677.39

(续表)

	项目	第1季度	第2季度	第3季度	第4季度	合计
堆存直接费用	普通仓库 职工薪酬	1 071 112.20	1 237 477.74	1 480 300.34	1 464 446.94	5 253 337.22
	普通仓库 折旧费	98 300.00	98 300.00	98 300.00	98 300.00	393 200.00
	普通仓库 保险费	282 500.00	396 000.00	392 600.00	393 900.00	1 465 000.00
	普通仓库 小计	1 451 912.20	1 731 777.74	1 971 200.34	1 956 646.94	7 111 537.22
	露天货场 职工薪酬	972 619.00	1 132 695.79	1 344 180.72	1 329 555.30	4 779 050.81
	露天货场 折旧费	41 174.00	41 174.00	41 174.00	41 174.00	164 696.00
	露天货场 保险费	298 700.00	339 200.00	412 800.00	408 500.00	1 459 200.00
	露天货场 租赁费	504 000.00	504 000.00	504 000.00	514 000.00	2 026 000.00
	露天货场 小计	843 874.00	884 374.00	957 974.00	963 674.00	8 428 946.81
堆存直接费用合计		4 923 402.28	5 502 369.68	6 509 109.26	6 448 213.19	28 162 145.22
堆存间接费用	办公费	46 166.60	53 340.00	63 809.00	64 000.00	227 315.60
	水电费	221 610.40	256 032.00	3 106 269.00	302 989.00	3 886 900.40
	劳保费	76 716.00	87 677.00	104 642.00	103 521.00	372 556.00
	其他费用	65 845.43	76 880.00	90 995.90	90 021.40	323 742.73
堆存间接费用合计		410 338.43	473 929.00	3 365 715.90	560 531.40	4 810 514.73
合计		5 333 740.71	5 976 298.68	9 874 825.16	7 008 744.59	32 972 659.95

附表5

2024年仓储成本明细表

单位：元

	项目	第1季度	第2季度	第3季度	第4季度	合计
堆存直接费用	冷冻仓库 职工薪酬	972 619.00	1 123 695.79	1 344 180.72	1 329 785.30	4 770 280.81
	冷冻仓库 折旧费	41 184.00	41 184.00	41 184.00	41 184.00	164 736.00
	冷冻仓库 保险费	298 700.00	345 200.00	412 800.00	408 500.00	1 465 200.00
	冷冻仓库 小计	1 312 503.00	1 510 079.79	1 798 164.72	1 779 469.30	6 400 216.81
	保温仓库 职工薪酬	1 071 112.20	1 237 487.74	1 480 300.34	1 464 446.94	5 253 347.22
	保温仓库 折旧费	99 300.00	99 300.00	99 300.00	99 300.00	397 200.00
	保温仓库 保险费	282 500.00	328 800.00	392 600.00	393 900.00	1 397 800.00
	保温仓库 小计	1 452 912.20	1 665 587.74	1 972 200.34	1 957 646.94	7 048 347.22
	普通仓库 职工薪酬	1 004 629.38	1 160 678.14	1 388 419.62	1 373 550.25	4 927 277.39
	普通仓库 折旧费	102 000.00	102 000.00	102 000.00	102 000.00	408 000.00
	普通仓库 保险费	325 900.00	376 500.00	450 400.00	445 600.00	1 598 400.00
	普通仓库 小计	1 432 529.38	1 639 178.14	1 940 819.62	1 921 150.25	6 933 677.39
	露天货场 职工薪酬	849 502.70	981 455.80	1 174 031.30	1 161 458.00	4 166 447.80
	露天货场 折旧费	71 784.00	71 784.00	71 784.00	71 784.00	287 136.00
	露天货场 保险费	271 600.00	313 800.00	375 300.00	371 500.00	1 332 200.00
	露天货场 租赁费	504 000.00	504 000.00	504 000.00	504 000.00	5 785 783.80
	露天货场 小计	1 696 886.70	1 871 039.80	2 125 115.30	2 108 742.00	11 571 567.60

(续表)

项目		第1季度	第2季度	第3季度	第4季度	合计
堆存直接费用合计		5 894 831.28	6 685 885.47	7 836 299.98	7 767 008.49	31 953 809.02
堆存间接费用	办公费	46 168.60	53 340.00	63 806.00	63 122.70	226 437.30
	水电费	221 609.40	256 032.00	306 269.00	302 989.00	1 086 899.40
	劳保费	75 716.00	87 477.00	104 642.00	103 521.00	371 356.00
	其他费用	65 845.43	76 070.00	90 995.90	90 021.40	322 932.73
堆存间接费用合计		409 339.43	472 919.00	565 712.90	559 654.10	2 007 625.43
合计		6 304 170.71	7 158 804.47	8 402 012.88	8 326 662.59	33 961 434.45

附表6

2023年物流成本明细表　　　　　　　　　　单位：元

项目			第1季度	第2季度	第3季度	第4季度	合计
直接费用	收派服务	职工薪酬	182 146.00	200 361.00	224 232.00	273 220.00	879 959.00
		燃料	217 000.00	238 700.00	267 100.00	325 500.00	1 048 300.00
		汽车费用	127 230.00	139 953.00	156 632.60	190 850.00	614 665.60
		小计	526 376.00	579 014.00	647 964.60	789 570.00	2 542 924.60
	运输服务	职工薪酬	136 609.00	150 269.00	168 168.00	204 915.00	659 961.00
		燃料	273 200.00	300 500.00	336 300.00	409 800.00	1 319 800.00
		汽车费用	182 415.00	200 657.00	224 561.40	273 622.00	881 255.40
		小计	592 224.00	651 426.00	729 029.40	888 337.00	2 861 016.40
营运直接费用合计			1 118 600.00	1 230 440.00	1 376 994.00	1 677 907.00	5 403 941.00
间接费用		折旧费	187 320.00	187 320.00	187 320.00	187 320.00	749 280.00
		办公费	21 428.00	23 572.00	26 380.20	32 144.00	103 524.20
		水电费	16 071.60	17 681.00	19 785.00	24 107.60	77 645.20
		劳保费	14 732.20	16 205.80	18 135.00	22 098.00	71 171.00
		其他费用	13 420.60	14 728.00	16 482.00	20 085.00	64 715.60
营运间接费用合计			252 972.40	259 506.80	268 102.20	285 754.60	1 066 336.00
合计			1 371 572.40	1 489 946.80	1 645 096.20	1 963 661.60	6 470 277.00

附表7

2024年物流成本明细表　　　　　　　　　　单位：元

项目			第1季度	第2季度	第3季度	第4季度	合计
直接费用	收派服务	职工薪酬	182 146.00	200 361.00	224 232.00	273 220.00	879 959.00
		燃料	217 000.00	238 700.00	267 100.00	325 500.00	1 048 300.00
		汽车费用	127 230.00	139 953.00	156 632.60	190 850.00	614 665.60
		小计	526 376.00	579 014.00	647 964.60	789 570.00	2 542 924.60

(续表)

项目		第1季度	第2季度	第3季度	第4季度	合计
直接费用	运输服务 职工薪酬	136 609.00	150 269.00	168 168.00	204 915.00	659 961.00
	燃料	273 200.00	300 500.00	336 300.00	409 800.00	1 319 800.00
	汽车费用	182 415.00	200 657.00	224 561.40	273 622.00	881 255.40
	小计	592 224.00	651 426.00	729 029.40	888 337.00	2 861 016.40
营运直接费用合计		1 118 600.00	1 230 440.00	1 376 994.00	1 677 907.00	5 403 941.00
间接费用	折旧费	187 320.00	187 320.00	187 320.00	187 320.00	749 280.00
	办公费	26 380.20	32 144.00	23 572.00	26 380.20	108 476.40
	水电费	19 785.00	24 107.60	17 681.00	19 785.00	81 358.60
	劳保费	18 135.00	22 098.00	16 205.80	18 135.00	74 573.80
	其他费用	16 482.00	20 085.00	14 728.00	16 482.00	67 777.00
营运间接费用合计		268 102.20	285 754.60	259 506.80	268 102.20	1 081 465.80
合计		1 386 702.20	1 516 194.60	1 636 500.80	1 946 009.20	6 485 406.80

附表8

2024年管理费用明细表

单位:元

项目	第1季度	第2季度	第3季度	第4季度	合计
职工薪酬	2 041 500.00	1 803 150.00	1 864 800.00	1 971 750.00	7 681 200.00
办公费	18 120.00	20 635.00	23 160.00	25 700.00	87 615.00
业务招待费	86 975.00	99 050.00	111 165.00	123 360.00	420 550.00
差旅费	61 608.00	70 159.00	78 744.00	87 380.00	297 891.00
市内交通费	2 718.00	3 095.00	3 474.00	3 855.00	13 142.00
折旧费	18 422.40	18 422.40	18 422.40	18 422.40	73 689.60
无形资产摊销	69 720.00	69 720.00	69 720.00	69 720.00	278 880.00
其他费用	57 984.00	66 032.00	74 112.00	82 240.00	280 368.00
合计	2 357 047.40	2 150 263.40	2 243 597.40	2 382 427.40	9 133 335.60

附表9

2024年销售费用明细表

单位:元

项目		变动性费用率	第1季度	第2季度	第3季度	第4季度	合计
变动性销售费用	销售佣金	7.30%	1 058 889.09	1 213 531.20	1 436 572.11	1 471 339.82	5 180 332.22
	客户返利	2.70%	391 643.91	448 840.31	531 334.89	544 194.18	1 916 013.29
	小计		1 450 533.00	1 662 371.51	1 967 907.00	2 015 534.00	7 096 345.51
固定性销售费用	职工薪酬		263 250.00	279 150.00	294 750.00	309 750.00	1 146 900.00
	办公费		11 780.00	13 410.00	15 055.00	16 700.00	56 945.00
	折旧费		13 833.60	13 833.60	13 833.60	13 833.60	55 334.40

(续表)

项目		变动性费用率	第1季度	第2季度	第3季度	第4季度	合计
固定性销售费用	广告宣传费		930 000.00	1 050 000.00	1 140 000.00	1 350 000.00	4 470 000.00
	差旅费		98 570.00	112 250.00	126 000.00	139 800.00	476 620.00
	市内交通费		2 400.00	2 630.00	2 950.00	3 275.00	11 255.00
	其他费用		34 800.00	39 650.00	44 500.00	49 300.00	168 250.00
	小计		1 354 633.60	1 510 923.60	1 637 088.60	1 882 658.60	6 385 304.40
合计			2 805 166.60	3 173 295.11	3 604 995.60	3 898 192.60	13 481 649.91

附表10

预计资产负债表　　　　　　　　　　　　　　　　　　　　　　　单位：元

资产	2024年年末	2023年年末	负债及所有者权益（或股东权益）	2024年年末	2023年年末
流动资产：	—	—	**流动负债：**	—	—
货币资金	1 191 844.39	500 646.74	短期借款		5 100 000.00
交易性金融资产			交易性金融负债		
衍生金融资产			衍生金融负债		
应收票据			应付票据		
应收账款	7 583 398.03	4 089 340.87	应付账款	2 417 908.75	2 975 157.54
应收款项融资			预收款项		
预付款项			合同负债		
其他应收款	116 640.00	52 000.00	应付职工薪酬	2 836 197.21	3 027 401.52
其中：应收利息			应交税费	1 144 712.53	1 285 520.34
应收股利			其他应付款	65 840.00	329 080.00
存货	77 605.12	34 999.72	其中：应付利息		
合同资产			应付股利		
持有待售资产			持有待售负债		
一年内到期的非流动资产			一年内到期的非流动负债		
其他流动资产			其他流动负债		
流动资产合计	8 969 487.54	4 676 987.33	**流动负债合计**	6 464 658.49	12 717 159.40
非流动资产：	—	—	**非流动负债：**	—	—
债权投资			长期借款		
其他债权投资			应付债券		

(续表)

资产	2024 年年末	2023 年年末	负债及所有者权益（或股东权益）	2024 年年末	2023 年年末
长期应收款			其中：优先股		
长期股权投资			永续债		
其他权益工具投资			租赁负债		
其他非流动金融资产			长期应付款		
投资性房地产			长期应付职工薪酬		
固定资产	19 040 552.00	21 175 928.00	预计负债		
在建工程			递延收益		
生产性生物资产			递延所得税负债		
油气资产			其他非流动负债		
使用权资产			非流动负债合计		
无形资产	6 064 720.00	6 343 600.00	**负债合计**	6 464 658.49	12 717 159.40
开发支出			所有者权益（或股东权益）：	—	—
商誉			实收资本（或股本）	12 000 000.00	12 000 000.00
长期待摊费用			其他权益工具		
递延所得税资产			其中：优先股		
其他非流动资产			永续债		
非流动资产合计	25 105 272.00	27 519 528.00	资本公积		
			减：库存股		
			其他综合收益		
			专项储备		
			盈余公积	1 561 010.10	747 935.59
			未分配利润	14 049 090.95	6 731 420.34
			所有者权益（或股东权益）合计	27 610 101.05	19 479 355.93
资产总计	34 074 759.54	32 196 515.33	**负债及所有者权益（或股东权益）总计**	34 074 759.54	32 196 515.33

附表 11

预计利润表 单位:元

项目	2024年
一、营业收入	70 732 955.00
减:营业成本	36 984 769.50
税金及附加	363 153.00
销售费用	13 496 251.00
管理费用	9 013 955.00
研发费用	
财务费用	122 753.00
其中:利息费用	122 753.00
利息收入	
加:其他收益	88 920.00
投资收益(损失以"－"号填列)	
其中:对联营企业和合营企业的投资收益	
以摊余成本计量的金融资产终止确认收益	
净敞口套期收益(损失以"－"号填列)	
公允价值变动收益(损失以"－"号填列)	
信用减值损失(损失以"－"号填列)	
资产减值损失(损失以"－"号填列)	
资产处置收益(损失以"－"号填列)	
二、营业利润(亏损以"－"号填列)	10 840 993.50
加:营业外收入	
减:营业外支出	
三、利润总额(亏损总额以"－"号填列)	10 840 993.50
减:所得税费用	2 710 248.38
四、净利润(净亏损以"－"号填列)	8 130 745.12

附表 12

2025年资本性支出预算表 单位:元

需求部门	需求项目	第1季度	第2季度	第3季度	第4季度	合计
运输中心	运输设备	1 200 000.00		660 000.00		1 860 000.00
管理部门	管理设备		450 000.00			450 000.00
	非专利技术				550 000.00	550 000.00

（续表）

需求部门	需求项目	第1季度	第2季度	第3季度	第4季度	合计
预计本期现金支出		1 200 000.00	450 000.00	660 000.00	550 000.00	2 860 000.00
预计本期折旧（摊销）额	运输设备		72 000.00	72 000.00	111 600.00	255 600.00
	管理设备			21 600.00	21 600.00	43 200.00
	非专利技术				13 750.00	13 750.00

第二部分

岗课赛证融通仿真模拟案例
——新锐游戏有限公司

企业简介

一、工商信息简介

新锐游戏有限公司工商信息简介如表1所示。

表1

新锐游戏有限公司工商信息简介

公司名称	新锐游戏有限公司
纳税人识别号	91340000711771394K
公司类型	有限责任公司
营业期限	2010年5月12日至无固定期限
人员规模	450人
注册资金	10 000万元
公司法人	周毅
公司地址	福建省福州市鼓楼区美特佳路26号
营业执照范围	游戏产品(PC端网络游戏、移动网络游戏、主机游戏等多样化的游戏产品)及游戏相关联名产品等

二、公司基本情况

新锐游戏有限公司(以下简称"新锐公司")成立于2010年,经营范围包括游戏产品、游戏联名产品、广告娱乐等,公司的主要产品包括PC端网络游戏、移动网络游戏、主机游戏等多样化的游戏产品,以及游戏相关联名产品等。新锐公司总部位于福建省福州市,目前在福建、浙江、广东、北京、上海、天津、河北、辽宁、山西等10多个省(直辖市)已开设50家联名商店,员工有11 000余人。截至2023年年底,新锐公司经营面积达到25万平方米。新锐公司已经成为政府保供稳价的重要力量,是福州的"游戏产业化"龙头企业。虽然新锐公司属于中小型企业,但在重庆也是"游戏产业化"的重点发展企业。

新锐公司于2024年下半年在上海证券交易所进行IPO上市,目前正在走最后的审批流程。

三、公司治理结构

新锐公司股东会成员包括周毅(70%)、刘艳(20%)、王慧慧(10%),设立董事会、监事会、总经理。新锐游戏有限公司治理结构图如图1所示。

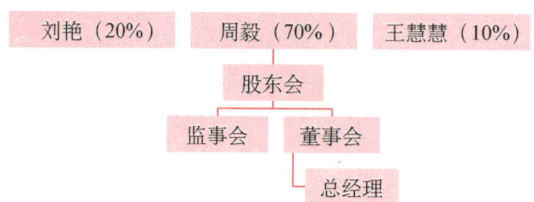

图1 新锐游戏有限公司治理结构图

四、公司组织结构

新锐公司组织结构分为3个层级,公司总部职能部门、具体部门及联名商店。其中公司总部职能部门包括营业部、管理部和销售部3个部门。公司共有12个二级分部和50家联名商店。新锐游戏有限公司组织结构如图2所示。

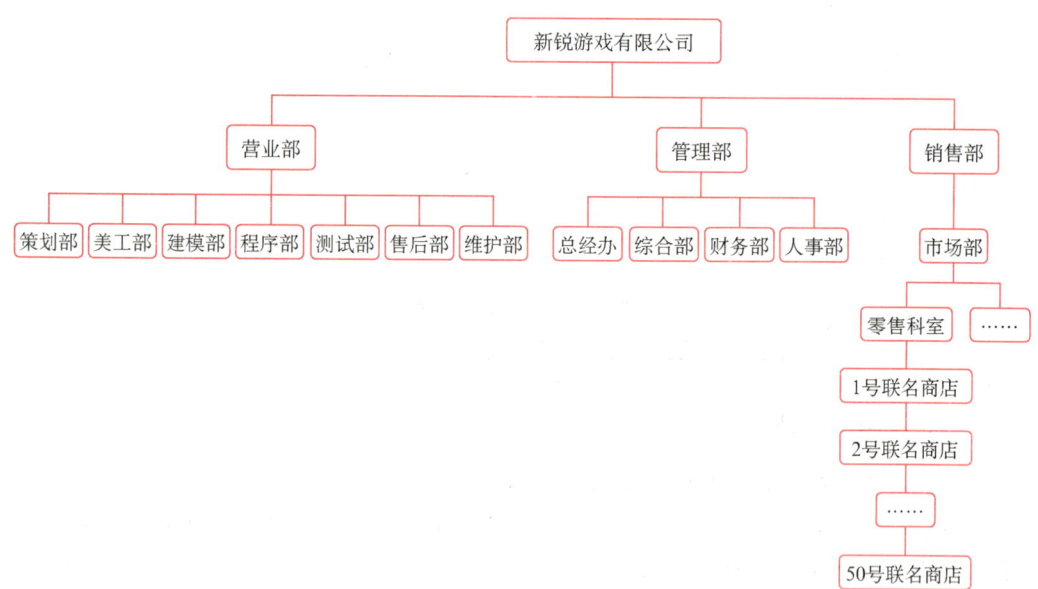

图2 新锐游戏有限公司组织结构图

新锐公司实行总部财务管控模式,在分公司不设财务部,全部财务核算和管理均在总部财务管控中心进行。

新锐公司实行资源统一采购、统一配送、分散销售的经营模式。零售业务在联名商店开展。

五、主要销售产品

新锐公司主要经营范围为游戏产品、游戏联名产品、广告娱乐等,公司的主要产品包括 PC 端网络游戏、移动网络游戏、主机游戏等多样化的游戏产品,以及游戏相关联名产品等。商品类别及储存说明如表 2 所示。

表 2

商品类别及储存说明

商品类别	品号	使用说明
PC 端网络游戏	代号 M	
	寻迹 Q	
移动网络游戏	勾线 A	—
	序号 7	
主机游戏	等红至蓝	
	九加加	
联名产品	(略)	常温保存

六、主要服务区域

新锐公司主要服务区域涵盖全国 10 多个省(直辖市、自治区),详见"二、公司基本情况"部分。

七、企业的核算制度及说明要求

(1)新锐公司成本核算方法为作业成本法。

(2)新锐公司当期所消耗资源流向为:①渠道成本(代理商收取的游戏代理费)由相应游戏项目(成本对象)承担。②利息和税费不分配,其他资源均通过相应的作业在当期分配到各成本对象。

(3)游戏产品成本,亦为"游戏开发成本——会计核算"。它包括策划作业成本、美工作业成本、建模作业成本、编程作业成本、测试作业成本(测试作业成本包括渠道成本——委外代理的游戏成本,无形资产摊销——已上市游戏、售后服务作业成本、游戏维护作业成本)。

岗位一

预算管理岗位

实训目标

- 熟练掌握全面预算的编制,了解全面预算的流程和关键节点
- 掌握预算的编制类型及相关编制方法
- 能够通过全面预算的编制,正确地收集资料来编制预算
- 掌握预计利润表编制方法
- 掌握系统性、全局性思考的方法,具备具体问题具体分析的意识

实训内容

- 个人客户营业收入预算
- 单位客户营业收入预算
- 现金回款预算
- 人工成本预算
- 营业成本预算
- 管理及销售费用预算
- 财务费用预算
- 税金预算
- 预计利润表
- 预计资产负债表

资源1 营业收入预算案例资源

游戏行业的收入来源主要包括游戏销售收入、广告收入、虚拟物品销售收入等。了解游戏收入比例可以帮助玩家更好地理解游戏行业的盈利模式。

游戏销售收入是指玩家购买游戏后,游戏公司从中获得的收入。游戏销售收入比例通常涉及游戏售价、游戏平台收取的分成等因素。游戏公司通过游戏销售获得的收入比例通常在30%~70%。

广告收入是指游戏公司通过在游戏中投放广告而获得的收入。广告收入通常涉及游戏公司与广告商之间的分成比例。广告收入比例通常在10%~50%。

游戏收入比例受到多种因素的影响,如游戏类型、游戏质量、玩家数量、游戏平台等。不同游戏类型的收入比例可能会有所不同,如MMORPG游戏的虚拟物品销售收入比例通常比普通单机游戏更高。

一、公司业务构成

新锐公司发行游戏的类别有PC端网络游戏、移动网络游戏、主机游戏三大类。

(1) PC端网络游戏,包括代号M、寻迹Q。
(2) 移动网络游戏,包括勾线A、序号7。
(3) 主机游戏,包括等红至蓝、九加加。

新锐公司业务同时面向单位客户和个人客户。单位客户的业务主要是依据游戏上的合作联名等,个人客户的业务主要为游戏充值以进行虚拟装备购买类。

二、平均单价预算说明

个人客户充值的金额(除了主机游戏)均分为5档,1—5档分别为6元、68元、128元、328元和648元。个人客户充值的金额明细表如表1-1所示。

表1-1

个人客户充值的金额明细表

档位	充值金额(元)	档位	充值金额(元)
5档	648.00	2档	68.00
4档	328.00	1档	6.00
3档	128.00		

个人客户充值的礼包(除了主机游戏)金额不变,主机游戏平均单价增长

率按照 2023 年和 2024 年的平均单价增长率的加权平均数计算,权重分别为 40% 和 60%。

三、业务量预算说明

(一) 个人客户业务量预算

个人客户的业务量主要依据充值礼包个数进行划分。

1. 除了主机游戏的个人客户业务量预算

(1) 加权年均复合增长率的计算。先算出每一档 2022—2024 年的年均复合增长率,再按各档的比重进行加权,1—5 档的比重分别为 10%、15%、20%、20% 和 35%。具体计算公式为:

$$\text{2025 年各游戏总业务量基数} = \text{2024 年各游戏实际总业务量} \times (1 + \text{加权年均复合增长率})$$

(2) 2025 年各游戏各档位业务量按照 2024 年各档业务量占总业务量的比重进行计算,该比重四舍五入保留"%"前 2 位小数,并以此结果进行后续计算。

2. 主机游戏的个人客户业务量预算

先算出 2022 年至 2024 年的年均复合增长率。具体计算公式为:

$$\text{2025 年各主机游戏业务总量} = \text{2024 年各主机游戏业务总量} \times (1 + \text{年均复合增长率}) + \text{调整因素}$$

式中,调整因素是指预计 2025 年主机游戏由于自身营销和自媒体的原因,热度回升,预计销售量还需增加 2024 年销售量的 3%。

(二) 单位客户收入预算

预计 2025 年新增 3 家单位客户。2025 年单位客户部分合同条款如表 1-2 所示。

表 1-2

2025 年单位客户部分合同条款

客户分类	客户代码	合同条款类型	合同预计收入(元)	收款方式	合作时间安排	预计 2025 年实际收入说明
老客户	L1	联名合作代号 M	25 000 000	2025 年 4 月 30 日,预收 60%,剩余款项于合作期结束后 1 个月内收取	2025.5.1—2026.2.28	各月均匀实现
	L2	联名合作勾线 A	16 000 000	2025 年 5 月,收取全部款项	2025.6.1—2026.3.31	各月均匀实现
	L3	联名合作序号 7	11 000 000	2025 年 5 月 31 日,预收 40%,剩余款项于合作期结束后 1 个月内收取	2025.6.1—2026.3.31	各月均匀实现
	L4	广告植入代号 M	17 000 000	2025 年 6 月 30 日,收款 40%;2025 年 12 月 31 日,收款 40%,合作期结束后 1 个月内收取剩余 30%	2025.7.1—2026.4.30	各月均匀实现

(续表)

客户分类	客户代码	合同条款类型	合同预计收入(元)	收款方式	合作时间安排	预计2025年实际收入说明
老客户	L5	游戏周边等红至蓝	14 800 000	2025年10月30日,收款50%,合作期结束后1个月内收取剩余50%	2025.9.1—2026.6.30	各月均匀实现
新客户	X1	联名合作寻迹Q	10 400 000	2025年7月,收取全部款项	2025.8.1—2026.5.31	各月均匀实现
新客户	X2	广告植入寻迹Q	9 600 000	2025年8月,收取全部款项	2025.9.1—2026.8.30	各月均匀实现
新客户	X3	游戏周边九加加	11 200 000	2025年12月,收取全部款项	2025.9.1—2026.8.30	各月均匀实现

单位客户的合作期限均在1年内。2025年年初合同负债全部由代号M产生,合同负债在第一季度和第二季度均匀实现收入。

(三) 单位客户预计营业收入计算说明

2025年各具体业务量＝2025年各具体收入基数＋调整因素

资源2　销售回款案例资源

一、个人客户回款预算

个人客户采取现金收款方式销售,即现销现收。全年4个季度均匀实现收入和收款。

二、单位客户回款预算

(1) 单位客户业务视不同客户的信用情况采用预收/应收方式收款,详见表1-2。

(2) 期初应收账款全部由勾线A产生,期初应收账款全部在2025年第一季度回款。

(3) 单位客户的合作期限均在1年内。2025年年初合同负债全部由代号M产生,合同负债在第一季度和第二季度均匀实现收入。

资源3　人工成本预算

新锐公司属于游戏产业,下设总经办、人事部、财务部、综合部、策划部、美工部、建模部、程序部、测试部、市场部、售后部和维护部12个部门。

新锐公司每月按固定工资扣除个人部分社保公积金及个税后发放月薪。

1. 各部门人员编制情况

按照表1-3的公司2022—2024年人员编制情况进行预测。

表1-3

公司2022—2024年人员编制情况　　　　　　　　单位：人

部门	2022年人员编制	2023年人员编制	2024年人员编制
总经办	28	30	32
人事部	32	30	35
财务部	25	24	28
综合部	24	27	25
策划部	26	27	25
美工部	34	34	36
建模部	30	31	29
程序部	33	35	35
测试部	23	25	27
市场部	32	30	34
售后部	24	27	26
维护部	35	31	33

2. 各部门固定工资

管理部门均为5 000元/月，销售部门均为3 500元/月，游戏开发的相关部门均为6 000元/月，其余部门均为4 000元/月。

3. 绩效工资

绩效工资按照固定工资的20%计提。

4. 单位承担部分的人工成本计提比例

单位承担部分的人工成本按照工资的一定比例计提，计提比例如表1-4所示。

表1-4

单位承担部分的人工成本计提比例

项目	计提比例
福利费	14.00%
社保	26.50%
住房公积金	8.00%
工会经费	2.00%
职工教育经费	8.00%

住房公积金和工会经费按照合计工资计提，其余按照固定工资计提。

资源 4 成本费用预算

一、营业成本预算

（一）人工成本

根据已完成任务和部门、作业及财务报表项目的对应关系，填制表1-5。

表 1-5

部门、作业及财务报表项目对应关系表

部门	作业	报表项目
总经办	行政职业	管理费用
人事部	行政职业	管理费用
财务部	行政职业	管理费用
综合部	行政职业	管理费用
策划部	策划作业	营业成本
美工部	美工作业	营业成本
建模部	建模作业	营业成本
程序部	程序作业	营业成本
测试部	测试作业	营业成本
市场部	市场推广作业	销售费用
售后部	售后服务作业	营业成本
维护部	游戏维护作业	营业成本

（二）资产折旧摊销

固定资产折旧和无形资产摊销采用年限平均法，与税法规定一致。固定资产净残值率为4%，无形资产无残值。

1. 电脑折旧

新锐公司在2024年购建并更新公司所有的员工电脑，且购置的电脑预计将在2025年全部被使用。预计测试部、建模部和美工部员工每人2台电脑，其他部门员工每人1台电脑，均为AND299型号的电脑，购置价格为每台4 000元，安装费用为每5台200元，折旧年限为3年。

2. 服务器折旧

由于主机游戏的大热，预计新锐公司2025年将新购置一批服务器以维护游戏的正常运营，服务器折旧在2024年实际发生额的基础上增长30%。

3. 其他设备折旧

由于设备的更新升级，测试部和维护部的其他设备需求降低，印刷机、打印机、放映设备等其他设备2025年预计折旧发生额在2024年实际发生额的基础上下降10%，其余部门与2024年持平。

4. 无形资产摊销(办公软件)

由于新锐公司更新了公司所有的员工电脑，电脑的办公软件也需要进行更新。策划部和售后部延用之前软件的更新版本，预计摊销为2024年实际发生额的90%；其他部门则购置了新的办公软件，预计2025年每台摊销700元。

(三) 其他费用

1. 宽带、水电费

2025年新锐公司的宽带、水电费皆与2024年发生额一致。

2. 房租

由于今年房价涨幅上升，2025年预计发生额将在2024年实际发生额合计的基础上增长12%。

3. 网络及通信费

新锐公司制度改革后，员工们要支付相应的网络及通信费，预计2025年发生额为1万元。

二、费用预算

(一) 人工成本

根据已完成任务和部门、作业及财务报表项目对应关系表填制。

(二) 资产折旧摊销

1. 电脑折旧

新锐公司在2024年购建并更新公司所有的员工电脑，且购置的电脑预计将在2025年全部被使用。预计测试部、建模部和美工部员工每人2台电脑，其他部门员工每人1台电脑，均为AND299型号的电脑，购置价格为每台4 000元，安装费用为每5台200元，折旧年限为3年。

除此之外，2024年新锐公司在展示区域也配备了大型电脑展示屏幕，共3个，预计6 000元/个，安装费100元/个，费用计入总经办。折旧年限为5年。

2. 服务器折旧

2025年预计发生额将在2024年实际发生额合计的基础上增长10%。

3. 其他设备折旧

由于设备的更新升级，综合部和市场部的其他设备需求降低，导致印刷机、打印机、放映设备等设备的2025年预计折旧发生额将在2024年实际发生额的基础上下降10%，其余部门与2024年持平。

4. 无形资产摊销(办公软件)

2025年预计摊销发生额维持2024年的实际发生额合计水平。

(三) 其他费用

1. 广告费与业务宣传费

广告费与业务宣传费均由市场部产生，2024年新锐公司发生广告费与业务宣传费60万元，2025年进一步加大业务宣传力度，预计广告费与业务宣传费增长到 80 万元。

2. 宽带、水电费

2025 年新锐公司的宽带、水电费皆与 2024 年发生额一致。

3. 房租

由于今年房价涨幅上升，2025 年预计发生额也在 2024 年实际发生额合计的基础上上升 12%。

4. 网络及通信费

新锐公司制度改革后，需支付相应的网络及通信费，预计 2025 年发生额为每人 400 元。

5. 业务招待费

业务招待费由人事部、综合部和市场部产生。2025 年的各部门业务招待费预计月发生额如表 1-6 所示。

表 1-6

2025 年的各部门业务招待费预计月发生额　　　　　　　　　　　单位：元

部门	人事部	综合部	市场部
金额	5 000	6 000	8 000

资源 5　税金及财务费用预算说明

一、税金及财务费用预算总体目标

新锐公司 2025 年要继续强化成本费用管理要求，做好税务筹划，把握纳税风险，严格控制不必要税款支出。对于外部资金应严格履行审批手续，降低资金使用成本和资金使用风险，控制财务费用。

二、预算总体要求

（1）税金预算采用零基预算法，结合收入预算和税收政策进行编制。

（2）财务费用预算根据营业活动情况进行编制，任务 7 不考虑 2025 年可能新增加的投融资项目。

三、预算具体要求

1. 税金预算

（1）城市维护建设税、地方教育附加及教育费附加分别按照营业收入的 0.21%、0.06% 和 0.09% 进行预测。

（2）预计 2025 年印花税税金为 155 000 元。

2. 财务费用预算

（1）利息收入。经测算，2025 年预计全年平均货币资金余额为 8 000 万元，资金平均利息率为1%。

（2）利息支出。2025年预计全年平均短期贷款余额约为6 000万元，贷款利率为5%。

（3）手续费及其他。2025年手续费及其他预计为80 000元。

资源6　报表预算案例资源

一、利润表预算说明

（1）营业收入、营业成本、销售费用、管理费用、财务费用引用本岗位已完成相关任务结果填列。

（2）本期所得税费用发生额预计为800万元。

（3）其余项目数据根据考核表中的数据进行计算。

（4）除了以上说明，不考虑其他影响损益的因素。

二、资产负债表预算说明

（1）应收账款、合同负债期末余额引用本岗位已完成相关任务结果填列。

（2）固定资产根据本岗位已完成相关任务结果填列，2024年电脑占固定资产账面价值的56%，其余为服务器和其他设备。

（3）2024年年末，应付职工薪酬为本期12月薪酬，按照全年人工成本发生额的1/12计算。

（4）2024年年末，应交税费余额为2024年第四季度所得税费用，按照2024年所得税费用预计发生额（800万元）的1/4计算。

（5）期初长期借款将于2024年12月31日到期归还，无新借入借款。

（6）2024年预计不向投资者分配利润，而是转增资本公积；2024年盈余公积按照2024年净利润的10%进行提取。

（7）资产负债表项目按照已给出数据进行计算，其余项目按照财务报表表间结构和逻辑关系进行计算。

岗位任务

任务1　个人客户营业收入预算

业务描述：根据公共报表及本岗位资源，完成2025年个人客户营业收入预算表。增长率保留"%"前整数，并以此结果进行后续计算。2025年平均销售单价四舍五入保留整数，并以此结果进行后续计算。所有业务量结果四舍五入保留整数，并以此结果进行后续计算。其余数据以完整小数位引用计算，结果四舍五入保留 2 位小数。2025 年个人客户营业收入预算表如表 1-7 所示。

表 1-7

2025 年个人客户营业收入预算表　　　　　　　　　　金额单位：元

项目	单价预算	业务量预算				预计 2025 年营业收入
	预计 2025 年平均单价	2024 年实际销售量	2022—2024 年业务量年均复合增长率	2025 年业务量调整因素调整	预计 2025 年业务量合计	
PC 端网络游戏	—	—	—	—	—	—
代号 M	—					
寻迹 Q	—					
移动网络游戏	—	—	—	—	—	—
勾线 A	—					
序号 7	—					
主机游戏	—	—	—	—	—	—
等红至蓝						
九加加						
合计	—	—	—	—	—	

解题分析：
（1）注意小数位保留问题。
（2）以填制结果进行后续计算。
（3）复合增长率公式＝（现有价值÷原有价值）$^{(1÷间隔年数)}$－1。

任务 2　单位客户营业收入预算

业务描述： 根据公共报表及本岗位资源，完成 2025 年单位客户营业收入预算表。以填制结果引用计算，结果四舍五入保留 2 位小数。2025 年单位客户营业收入预算表如表 1-8 所示。

表 1-8

2025 年单位客户营业收入预算表　　　　　　　　　　单位：元

项目	预计 2025 年营业收入合计
PC 端网络游戏：	
代号 M	
寻迹 Q	＊＊

(续表)

项目	预计 2025 年营业收入合计
移动网络游戏：	
勾线 A	＊＊
序号 7	
主机游戏：	
等红至蓝	＊＊
九加加	＊＊
合计	

解题分析：

（1）注意合同条款类型。

（2）期初的合同负债在本期实现收入。

（3）合同收入在合同期内均匀实现，先算出合同期总月份数和本年确认收入的月份数，本期确认的收入＝期初合同负债＋合同预计收入×（本年确认收入的月份数÷合同期总月份数）。

任务3 现金回款预算

业务描述： 根据公共报表及本岗位资源，完成2025年现金回款预算表。以完整小数位引用计算，结果四舍五入保留2位小数。2025年现金回款预算表如表1-9所示。

表 1-9

2025 年现金回款预算表

单位：元

项目	第1季度	第2季度	第3季度	第4季度	合计
期初应收账款余额		＊＊	＊＊	＊＊	—
本期回款：					
个人客户收入					＊＊
单位客户：	—	—	—	—	＊＊
PC端网络游戏	＊＊				＊＊
移动网络游戏	＊＊		＊＊	＊＊	＊＊
主机游戏	＊＊	＊＊	＊＊		＊＊
收款合计					＊＊
期末合同负债余额	＊＊	＊＊	＊＊		—
期末应收账款余额	＊＊	＊＊	＊＊		—

解题分析：

（1）注意合同条款类型顺序。

（2）期初的合同负债在第一季度和第二季度均匀实现收入，但是该部分金额在上一期已经收到，即该条件与本题无关。

（3）将收到的款项与本期确认的收入进行比较，判断其是合同负债还是应收账款。

任务4　人工成本预算

业务描述： 根据本岗位资源，完成2025年人员编制预算表及人工成本预算明细表。平均增减员向上取整填制答案，并以此结果进行后续计算，其余数据以完整小数位引用计算，人员编制数四舍五入保留整数，其余数据四舍五入保留2位小数。2025年人员编制预算表如表1-10所示，2025年人工成本预算明细表如表1-11所示。

表1-10

2025年人员编制预算表　　　　　　　　单位：人

部门	2024年人员编制	2022—2024年平均增减员	预计2025年人员编制
总经办	—	＊＊	＊＊
人事部	—		
财务部	—	＊＊	
综合部	—	＊＊	
策划部	—		
美工部	—	＊＊	
建模部	—	＊＊	
程序部	—	＊＊	＊＊
测试部	—	＊＊	＊＊
市场部	—	＊＊	
售后部	—	＊＊	＊＊
维护部	—	＊＊	

表1-11

2025年人工成本预算明细表　　　　　　　　单位：元

项目	人均年固定工资	工资		福利费	单位承担社保	住房公积金	工会经费	职工教育经费	合计
		固定工资	绩效工资						
总经办	—								＊＊
人事部	—	＊＊							＊＊

(续表)

项目	人均年固定工资	工资		福利费	单位承担社保	住房公积金	工会经费	职工教育经费	合计
		固定工资	绩效工资						
财务部	—	＊＊							＊＊
综合部	—	＊＊							＊＊
策划部	—	＊＊							＊＊
美工部	—	＊＊							＊＊
建模部	—	＊＊							＊＊
程序部									＊＊
测试部									
市场部	—	＊＊							＊＊
售后部	—	＊＊							＊＊
维护部									
合计	—	＊＊		＊＊	＊＊	＊＊	＊＊	＊＊	

解题分析：

（1）注意小数位保留问题。

（2）平均增减员向上取整数填制答案，并以此结果进行后续计算。

（3）住房公积金与工会经费的计算基数为固定工资与绩效奖金的和。

任务5　营业成本预算

业务描述： 根据本岗位资源及已完成相关任务结果，完成2025年营业成本预算表。以完整小数位引用计算，结果四舍五入保留2位小数。2025年营业成本预算表如表1-12所示。

表1-12

2025年营业成本预算表　　　　　　　　　　　　单位：元

项目	金额	项目	金额
人工成本		宽带	＊＊
电脑折旧		水电费	＊＊
服务器折旧		房租	
其他设备折旧		网络及通信费	＊＊
无形资产摊销（办公软件）		合计	

解题分析：

（1）人工成本按照岗位资源所给的报表项目进行填写。

(2) 计算电脑折旧时,需注意测试部、建模部和美工部为每人2台电脑,其余部门为每人1台电脑。安装费计入固定资产的账面价值后计提折旧。

(3) 注意有些费用仅个别部门发生变化。

任务6　管理及销售费用预算

业务描述:根据本岗位资源及已完成相关任务结果,完成管理及销售费用预算明细表。以完整小数位引用计算,结果四舍五入保留2位小数。2025年管理及销售费用预算明细表如表1-13所示。

表1-13

2025年管理及销售费用预算明细表　　　　　　　　　　单位:元

项目	费用合计	管理费用					销售费用	
		总经办	综合部	财务部	人事部	管理费用小计	市场部	销售费用小计
人工成本								**
电脑折旧							**	
服务器折旧								**
其他设备折旧								**
无形资产摊销(办公软件)								**
广告费与业务宣传费		**	**	**	**	**	**	
宽带								**
水电费								**
房租							**	
业务招待费		**		**				**
网络及通信费								**
合计							**	

解题分析:

(1) 注意部门顺序是否一致。

(2) 人工成本按照岗位资源所给的报表项目进行填写。

(3) 电脑与大型电脑展示屏幕的折旧年限不同,且大型电脑展示屏幕的折旧费用只计入总经办。

(4) 注意有些费用仅在个别部门发生变化。

(5) 岗位资源中给出的业务招待费为月发生额。

任务 7　财务费用预算

业务描述：根据本岗位资源，完成 2025 年财务费用预算明细表。以填制结果引用计算，结果四舍五入保留 2 位小数。2025 年财务费用预算明细表如表 1-14 所示。

表 1-14

2025 年财务费用预算明细表 　　　　　　　　　单位：万元

项　目	2025 年预算
利息收入	
利息支出	
手续费及其他	
合计	

解题分析：财务费用的合计金额＝利息支出＋手续费及其他－利息收入。

任务 8　税金预算

业务描述：根据本岗位资源及已完成相关任务结果，完成 2025 年税金预算明细表。以填制结果引用计算，结果四舍五入保留 2 位小数。2025 年税金预算明细表如表 1-15 所示。

表 1-15

2025 年税金预算明细表 　　　　　　　　　单位：万元

项　目	2025 年预算
收入	＊＊
城市维护建设税	
教育费附加	
地方教育附加	
印花税	
税金及附加合计	

解题分析：

(1) 表 1-15 中的金额单位为万元，岗位资源中的金额单位为元。

(2) 城建税与教育费附加及地方教育附加的计算基数为营业收入。

任务 9　预计利润表

业务描述：根据本岗位资源及已完成相关任务结果，完成新锐公司 2025 年预计利润表（简表）。本岗位其他任务结果以填制结果引用计算，其余数据以完整小数位引用计算，结果四舍五入保留 2 位小数。预计利润表（简表）如表 1-16 所示。

表 1-16

预计利润表（简表）　　　　　　　　　　　　　　单位：元

项　目	2025 年
一、营业收入	
减：营业成本	
税金及附加	
销售费用	
管理费用	
研发费用	＊＊
财务费用	＊＊
其中：利息费用	
利息收入	＊＊
加：其他收益	＊＊
投资收益（损失以"－"号填列）	＊＊
二、营业利润（亏损以"－"号填列）	
加：营业外收入	＊＊
减：营业外支出	＊＊
三、利润总额（亏损总额以"－"号填列）	＊＊
减：所得税费用	＊＊
四、净利润（净亏损以"－"号填列）	

解题分析：

（1）本岗位其他任务结果要以填制结果引用计算。

（2）表 1-16 的单位为元，前面相关表格有用万元进行填写的，要进行换算。

任务 10　预计资产负债表

业务描述：根据公共资源中报表、本岗位资源及已完成相关任务结果，完成新锐公司2025年预计资产负债表(简表)。以完整小数位引用计算,结果四舍五入保留2位小数。预计资产负债表(简表)如表1-17所示。

表1-17

预计资产负债表(简表)　　　　　　　　　　　单位:元

资产	2025年年末	2024年年末	负债及所有者权益（或股东权益）	2025年年末	2024年年末
流动资产:	—	—	流动负债:	—	—
货币资金	62 436 005.05	**	短期借款	—	—
交易性金融资产	—	—	交易性金融负债	—	—
应收账款		**	应付账款	800 000.00	**
应收款项融资			预收款项		
预付款项	—	—	合同负债		**
其他应收款	**	**	应付职工薪酬		**
其中:应收利息	**	**	应交税费		
应收股利	**	**	其他应付款		
存货	17 498 990.88	**	其中:应付利息	**	**
合同资产	—	—	应付股利	**	**
一年内到期的非流动资产	—	—	一年内到期的非流动负债	**	**
流动资产合计		**	流动负债合计	**	**
非流动资产:	—	—	非流动负债:	—	—
债权投资	—	—	长期借款	**	**
长期应收款	—	—	租赁负债	**	**
长期股权投资	26 139 520.00	**	预计负债		
固定资产			其他非流动负债		
使用权资产	1 817 686.20	**	非流动负债合计		**
无形资产		**	负债合计		**
开发支出	—	—	所有者权益(或股东权益):	—	—
商誉			实收资本(或股本)	625 652.51	**
非流动资产合计		**	资本公积	2 580 691.90	**
—	—	—	盈余公积		**
—	—	—	未分配利润		**

(续表)

资产	2025年年末	2024年年末	负债及所有者权益（或股东权益）	2025年年末	2024年年末
—	—	—	所有者权益（或股东权益）合计		＊＊
资产总计		＊＊	负债及所有者权益（或股东权益）总计		＊＊

解题分析：

（1）本岗位其他任务结果要以填制结果引用计算。

（2）计算固定资产时注意期初固定资产中的56%（原有电脑的账面价值）在本期全部转出。

（3）计算盈余公积与未分配利润时，需考虑期初余额。

岗位二

投融资管理岗位

实训目标

- 掌握净现值、内含报酬率等投资评价方法在项目定量分析中的应用
- 掌握项目收入费用和利润预测的编制
- 掌握权益资本成本和加权平均资本成本的计算
- 培养不断进取、勇于挑战的专业精神

实训内容

- 筹资决策分析
- 设备开发决策分析
- 固定资产购置与租赁决策分析
- 资本成本分析
- 软件开发投资决策分析
- 游戏开发投资决策分析
- 独立方案选择
- 股票价值分析

岗位资源

新锐公司是一家集研发与运营为一体的游戏公司。新锐公司始终坚持，以游戏为工具，以开发青少年智力、培养青少年合作意识和提升青少年文化素养为使命，力争成为"最受青少年欢迎的游戏公司"。

资源 1　融资需求预测

销售百分比法能为筹资管理提供短期预计的财务报表，以适应外部筹资的需要，且易于使用。新锐公司开发游戏需要一定的资金支持，决定采用销售百分比法对2025年所需资金进行预测。

一、融资预测

新锐公司2024年实现销售收入1 800万元，预计2025年销售收入比2024年增长30%，2025年股利支付率为15%，股利于当年年末计提，次年第一季度发放，销售净利率为10%。假定经营性流动资产和经营性负债与销售收入保持稳定的百分比关系，其他项目不随着销售收入的变化而变化。

二、资金来源

企业的筹资活动产生的现金流入主要用于两个方面：一是支持现有生产；二是用于投资。因此，要分析企业筹资活动的影响是正面的，还是负面的，也应从两个方面着手，即企业现有净资产收益率分析和投资活动前景分析。若企业现有净资产收益率低于银行利率，则影响是负面的，表明企业创利能力弱到甚至不足以偿付银行利息，这是一个非常危险的信号。

另外，企业在处于发展的起步阶段时，需要投入大量资金，企业对现金流量的需求主要通过筹资活动来解决。因此，分析企业筹资活动产生的现金流量大于零是否正常，关键要看企业的筹资活动是否已经纳入企业的发展规划，是企业管理层以扩大投资和经营活动为目标的主动筹资行为，还是企业因投资活动和经营活动的现金流出失控而不得已的筹资行为。同样，企业筹资活动产生的现金流量小于零时，可能是由于企业经营活动与投资活动在现金流量方面运转较好，有能力满足各项支付对现金的需求，也可能是企业在投资和企业扩张方面没有更多作为的一种表现。

新锐公司可以通过以下2种方式筹集资金。

方式1：长期借款

5年长期借款，借款金额为算出的外部融资额向上保留至万位，年借款利率为6.5%，2024年12月31日取得贷款，每年12月31日支付本年利息，首次付息日为2025年12月31日。2027年12月31日支付最后一期利息,并归还借款本金。

方式2:发行债券

新锐公司将于2024年12月31日发行面值为1 300元的债券10 000份,发行价格为1 380元/份,票面利率6%,发行费用为100万元。新锐公司每年付息一次,每年12月31日付息。首次付息日为2025年12月31日。2027年12月31日到期赎回。债券发行费用计入当期损益且不得在所得税税前列支。

资源2　设备开发决策说明

新锐公司将不断加大大中型游戏的开发,加强自身游戏运营能力。为此,新锐公司计划投入1台高性能游戏服务器。目前,有自主开发和经营租赁2种方式,2种方式均能满足业务需求及股东的必要报酬率。为了降低投资风险,保证企业经营效益,新锐公司要求相关负责人对该设备是否开发提出意见。

相关人员针对是否开发服务器收集了一些资料。服务器自主开发与经营租赁基本信息比较表如表2-1所示。

表 2-1

服务器自主开发与经营租赁基本信息比较表　　　金额单位:元

项目	自主开发	经营租赁
入账价值	1 200 000	—
租金(元/年)	—	350 000
折旧年限(年)	5	5
年维护费	20 000	—
折旧方法	双倍余额递减法	双倍余额递减法

注:设备于2024年年末开发完成,不考虑设备的开发时间,税法允许修理支出一次性在税前扣除。

设备其他相关资料如下。

1. 设备租赁

设备租赁期为5年,租赁费用为每年35万元,每年年初支付。租赁公司负责设备的维护,不再另外收费。租赁期内不得撤租,租赁期满时租赁资产所有权以10万元转让。5年后该设备可按26万元出售,但需支付处置费用5万元。

2. 设备折旧

按税法规定设备残值率均为4%,设备折旧年限均为8年,该设备采用双倍余额递减法计提折旧(已在当地税务局备案)。税前有担保借款利率8%,企业所得税税率25%。

3. 设备决策

采用平均年成本法作为决策依据,提出设备更新与否的意见。固定资产平均年成本是指该资产引起的现金流出的年平均值。

资源3　固定资产购置与租赁决策说明

随着新锐公司的日益壮大,公司决定新增一栋办公楼,为了降低投资风险,保证公司经营效益,新锐公司要求相关负责人对新增办公楼途径提出意见。目前,有购买和租赁2种方式。

方式1:购买

经过考察和调研,了解到办公楼合同价格为350万元,预计可以使用20年,残值率为5%,按照直线法计提折旧,预计变现价值为35万元。每5年产生大修理支出2万元。直接购买的相关资料如表2-2所示。

表2-2

直接购买的相关资料　　　　　　　　　　　　金额单位:元

项目	相关资料	项目	相关资料
购买成本	3 500 000	计划使用年限(年)	15
税法规定折旧年限(年)	20	预计15年后残值变现净收入	1 250 000
税法规定折旧方法	直线法	大修理支出	20 000
税法规定残值率	5%	年运行成本	15 000

方式2:租赁

新锐公司从2025年1月1日开始租赁,租赁期限为15年,租赁费分15年偿付,每年年初支付24万元。租赁手续费为50 000元,在租赁开始日一次付清。该租赁不属于短期租赁或者低价值资产租赁,租赁期满后所有权转让,转让款项为20 000元。税法规定,该租赁按直线法计提折旧,净残值率为10%,15年后设备变现价值为360 000元。

除了折旧,以上费用均为付现费用,投资的资本成本为10%,企业所得税税率为25%,不考虑其他因素。(现金流入用正数表示)

资源4　资本成本案例资源

2025年,新锐公司仅能同时进行3个游戏项目的开发,因此考虑是否停掉一个项目转而开发新项目,需要重新衡量资本成本。

一、项目税前债务资本成本计算资料

项目税前债务资本成本参照新锐公司发行上市的长期债券进行计算。具体资料如下：

新锐公司长期债券将于2025年1月1日发行，期限为10年，面值为1 000元，票面利率为6%。截至2026年12月31日，债券剩余年限为8年，企业所得税税率为25%，以1 100元溢价发行，每年付息一次，到期按面值偿还本金，该债券（刚完成付息）当前市价为1 050元。使用插值法计算债务的税前资本成本，并根据税前债务资本成本计算税后债务资本成本。

二、权益资本成本和加权平均资本成本计算过程

权益资本成本和加权平均资本成本的计算过程如下：
(1) 确定新锐公司原有业务的 β 权益系数。
(2) 卸载新锐公司财务杠杆，计算公司原有业务的 β 资产系数。
(3) 加载新项目财务杠杆，计算新项目的 β 权益。
(4) 使用新项目的 β 权益系数计算权益资本成本。
(5) 使用新项目的目标资本结构计算加权平均资本成本。

三、权益资本成本计算资料

新锐公司当前的 β 权益系数资料如下：
(1) 新锐公司股票报酬率与市场组合报酬率的协方差为4.2，市场组合报酬率标准差为3。
(2) 不含通货膨胀的无风险收益率参照8年期国债收益率计算，8年期国债不含通货膨胀率的利率为2%，通货膨胀率为1%。使用名义无风险利率作为无风险报酬率。

四、其他资料

新锐公司其他资料如下：
(1) 新锐公司产权比率为28.29%。
(2) 新项目筹资产权比率为3∶4，综合平均企业所得税税率为25%。
(3) 选取近10年A股上市公司不考虑现金红利再投资的综合年市场回报率的平均值作为市场平均收益率，其值为8.66%。

资源5　勾线A软件收入费用预测

2025年，新锐公司仅能同时进行3个游戏项目的开发，因此考虑是否停掉勾线A项目转而开发西域雄狮项目，需要衡量净现值。

一、软件经营情况预测

(一) 营业收入预测

根据新锐公司同类经营历史数据,勾线 A 软件未来 10 年的销售收入预测如下。

1. 广告收入

游戏广告植入的奖励机制通常分为 2 种:一种是按照广告的点击量或安装量来计算奖励;另一种是按照广告的曝光量来计算奖励。新锐公司按照广告的曝光量来计算收入。单次广告费用为 0.5 元。曝光次数预测如表 2-3 所示。

表 2-3

曝光次数预测 单位:次

时间	曝光次数	时间	曝光次数
2025 年	4 500 000	2028 年	4 803 065
2026 年	4 050 000	2029 年	4 899 126
2025 年	4 860 000	2030 年	5 144 083
2026 年	4 617 000	2031 年	5 169 803
2027 年	4 663 170	2032 年	5 686 783

2. 虚拟道具销售

2025 年销售量预计如表 2-4 所示。

表 2-4

2025 年销售量预计

档次	5 档	4 档	3 档	2 档	1 档
单价(元)	648	328	128	68	6
销售量(次)	45 000	37 800	5 000	3 200	2 650

预计每年销售量调整标准如表 2-5 所示。

表 2-5

预计每年销售量调整标准

档次	标准
5 档	每年在上一年基础上上涨 1%
4 档	每年在上一年基础上上涨 1 000 次
3 档	每年在上一年基础上上涨 1.5%
2 档	每年在上一年基础上上涨 0.5%
1 档	每年在上一年基础上上涨 1.5%

3. 付费功能

游戏还提供一些付费功能,玩家可以通过付费购买这些功能,公司因而获得收入。预计2025年可获得200万元,每年在上一年基础上增加5万元。

(二)营业成本预测

营业成本采用毛利率预测法,根据新锐公司同类经营历史数据,毛利率约为35%。各年毛利率均按照该比率进行预测。

二、人员编制及薪酬标准

(一)员工岗位职责

软件开发工作人员包括游戏设计师、艺术家、程序员、关卡设计师、音响工程师和游戏测试员。

游戏设计师岗位职责:游戏设计师是创建游戏玩法、规则和结构的团队成员。其工作内容包括创建用户界面、文档、旁白、内容和包装视频游戏。他们负责创建游戏角色(包括角色的图形、声音等)和所有与图形相关的工作。团队中可以有多人担任更具体的工作,并且会有1名负责人与游戏开发团队协调开发过程。

艺术家岗位职责:艺术家是创作游戏艺术的团队成员或团队。此艺术包括创建丛林视图、不同的视口和另一个相关任务。他们也是以图形为导向的团队,但主要致力于创建场景及其视觉效果。这些可能是2D或3D定向的。

程序员岗位职责:程序员是在游戏中编写逻辑并允许用户与正常生活相关的团队。程序员控制游戏的流程。代码库由程序员处理。

关卡设计师岗位职责:关卡设计师是创建不同关卡并设计它们的人。关卡设计师在游戏中创造挑战和阶段。这些程序可能是常用的商业3D或2D设计程序。在大多数情况下,有一些工具可以替代关卡设计师,并且它们为此提供了一些标准库。

音响工程师岗位职责:声音工程师是负责声音效果和声音编程的人。其工作内容包括语音编辑、游戏中的音频合并。

游戏测试员岗位职责:游戏测试员是测试所有游戏流程和图形质量的人。测试人员是确保游戏质量并在将游戏交付给用户之前识别其流程或错误的最终人员。发现问题需要具备丰富的经验,并且应该对游戏及其概念有很好的理解的人。

(二)员工编制及薪酬标准

软件开发员工薪酬按照半变动成本法计提并支付,人员编制及人工成本标准表如表2-6所示。

表2-6

员工编制及人工成本标准表

项目	编制数量(人)	2025年每月人工成本(元/人)	人工成本调整标准
游戏设计师	2	12 000	每年在上一年基础上上涨3%
艺术家	1	10 000	每年在上一年基础上上涨1.5%

（续表）

项目	编制数量（人）	2025年每月人工成本（元/人）	人工成本调整标准
程序员	3	15 000	每年在上一年基础上上涨3%
关卡设计师	2	12 000	每年在上一年基础上上涨1.5%
音响工程师	1	10 000	每年在上一年基础上上涨3%
游戏测试员	2	20 000	每年在上一年基础上上涨3.5%

（三）投资项目清单

（1）勾线A软件开发团队在第一年需要1间单独的办公室，为此需要租赁1间办公室来进行后续开发。预计时间为9个月，办公室1年租金为5万元。

（2）固定资产投资。设备投资清单如表2-7所示。

表2-7

设备投资清单

设备名称	更新（折旧）年限（年）	单位	数量	单价（元）	金额（元）
电脑	5	台	20	4 500	90 000
显示器	3	台	20	1 500	30 000
网络设备	5	台	15	5 880	88 200
存储设备	5	台	20	1 900	38 000
声音设备	5	台	20	1 700	34 000
合计					280 200

注：固定资产残值率统一为4%，采用直线法计提折旧。

设备达到更新年限时，于达到更新年限的当年年末进行更换并入账，于次年年初开始计提折旧，第十年除外。新设备投资数量及单价不变，旧设备残值处理收到的现金与账面价值相同。

（3）无形资产摊销。预计每年无形资产摊销59万元，摊销比例为25%。

（四）费用预测

经营费用均匀分摊，经营费用标准表如表2-8所示。

表2-8

经营费用标准表

项目	费用标准
一、职工薪酬	详见表2-6
二、日常经营	—
1. 水电费	60 000元/年
2. 年检保险费	80 000元/年
3. 业务宣传费	1 000 000元/年

(续表)

项目	费用标准
4. 维修保险费	75 000 元/月
5. 办公费	15 000 元/月
6. 版权费	1 200 000 元/年
7. 差旅费	20 000 元/年
8. 业务招待费	2 500 元/月
9. 咨询服务费	100 000 元/年
10. 折旧摊销费	—
其中：低值易耗品摊销	1 000 000 元/年
无形资产摊销	根据"投资项目清单"中说明计算
固定资产折旧	根据"投资项目清单"中说明计算
使用权资产折旧	根据"投资项目清单"中说明计算
11. 日常损耗	2 500 000 元/年

（五）营运资金使用计划

新锐公司在 2025 年 1 月 1 日垫支可供使用周转的流动资金 50 万元，该营运资金预计收回时间为 2032 年 12 月 31 日。

假设装修期间的所有支出均为自有资金，且不考虑资金的使用成本。

（六）其他说明

新锐公司的其他说明如下：

（1）营业收入、成本均在发生当期变现，期间费用中，除了无形资产摊销、固定资产折旧和使用权资产折旧，其余均在发生当期付现。

（2）除了以上说明，不考虑其他因素的影响。

注意：①新锐公司从 2023 年 1 月 1 日开始实施修订后的《企业会计准则第 21 号——租赁》。涉及租入资产折旧抵税的，按照税法口径进行计算。②不考虑租入资产残值。

资源 6　西域雄狮软件收入费用预测

2025 年，新锐公司仅能同时进行 3 个游戏项目的开发，因此考虑是否停掉勾线 A 项目转而开发西域雄狮项目，需要衡量净现值。

一、软件经营情况预测

（一）营业收入预测

根据新锐公司同类经营历史数据，西域雄狮软件未来 10 年的销售收入预测如下。

1. 广告收入

游戏广告植入的奖励机制通常分为2种，一种是按照广告的点击量或者安装量来计算奖励；另一种是按照广告的曝光量来计算奖励。新锐公司按照广告的曝光量来计算收入。单次广告费用为0.65元。曝光次数预测如表2-9所示。

表2-9

曝光次数预测 单位：次

时间	曝光次数	时间	曝光次数
2025 年	4 600 000	2028 年	4 803 065
2026 年	4 650 000	2029 年	4 900 000
2025 年	4 860 000	2030 年	5 144 083
2026 年	4 617 000	2031 年	5 348 900
2027 年	4 663 170	2032 年	5 686 783

2. 虚拟道具销售

2025年销售量预计如表2-10所示。

表2-10

2025 年销售量预计

档次	5 档	4 档	3 档	2 档	1 档
单价(元)	648	328	128	68	6
销售量(次)	35 650	8 500	7 500	5 650	3 545

预计每年销售量调整标准如表2-11所示。

表2-11

预计每年销售量调整标准

档次	标准
5 档	每年在上一年基础上上涨1.5%
4 档	每年在上一年基础上上涨3 000次
3 档	每年在上一年基础上上涨1.5%
2 档	每年在上一年基础上下降0.5%
1 档	每年在上一年基础上上涨1.5%

3. 付费功能

游戏提供一些付费功能，玩家可以通过付费购买这些功能，公司因而获得收入。预计2025年可获得300万元，每年在上一年基础上增加6万元。

(二) 营业成本预测

营业成本采用毛利率预测法，根据新锐公司同类经营历史数据，毛利率约为32%。各年毛利率均按照该比率进行预测。

二、人员编制及薪酬标准

（一）员工岗位职责

软件开发工作人员包括游戏设计师、艺术家、程序员、关卡设计师、音响工程师和游戏测试员。

游戏设计师岗位职责：游戏设计师是创建游戏玩法、规则和结构的团队成员。其工作内容包括创建用户界面、文档、旁白、内容和包装视频游戏。他们负责创建游戏角色（包括角色的图形、声音等）和所有与图形相关的工作。团队中可以有多人担任更具体的工作，并且会有1名负责人与游戏开发团队协调开发过程。

艺术家岗位职责：艺术家是创作游戏艺术的团队成员或团队。此艺术包括创建丛林视图、不同的视口和另一个相关任务。他们也是以图形为导向的团队，但主要致力于创建场景及其视觉效果。这些可能是2D或3D定向的。

程序员岗位职责：程序员是在游戏中编写逻辑并允许用户与正常生活相关的团队。程序员控制游戏的流程。代码库由程序员处理。

关卡设计师岗位职责：关卡设计师是创建不同关卡并设计它们的人。关卡设计师在游戏中创造挑战和阶段。这些程序可能是常用的商业3D或2D设计程序。在大多数情况下，有一些工具可以替代关卡设计师，并且它们为此提供了一些标准库。

音响工程师岗位职责：声音工程师是负责声音效果和声音编程的人。其工作内容包括语音编辑，游戏中的音频合并。

游戏测试员岗位职责：游戏测试员是测试所有游戏流程和图形质量的人。测试人员是确保游戏质量并在将游戏交付给用户之前识别其流程或错误的最终人员。发现问题需要具备丰富的经验，并且应该对游戏及其概念有很好的理解的人。

（二）员工编制及薪酬标准

软件开发员工薪酬按照半变动成本法计提并支付，人员编制及人工成本标准表如表2-12所示。

表 2-12

员工编制及人工成本标准表

项目	编制数量（人）	2025年每月人工成本（元/人）	人工成本调整标准
游戏设计师	2	12 500	每年在上一年基础上上涨3%
艺术家	1	9 500	每年在上一年基础上上涨1.5%
程序员	3	15 000	每年在上一年基础上上涨3%
关卡设计师	2	12 000	每年在上一年基础上上涨1.5%

(续表)

项目	编制数量（人）	2025年每月人工成本(元/人)	人工成本调整标准
音响工程师	1	10 000	每年在上一年基础上上涨3%
游戏测试员	2	20 000	每年在上一年基础上上涨3.5%

（三）投资项目清单

（1）西域雄狮软件开发团队在第一年需要2间单独的办公室，为此需要租赁2间办公室来进行后续开发。预计开发时间为10个月，1间办公室1年租金为6万元。

（2）固定资产投资。设备投资清单如表2-13所示。

表 2-13

设备投资清单

设备名称	更新(折旧)年限(年)	单位	数量	单价(元)	金额(元)
电脑	5	台	22	4 500	99 000
显示器	3	台	22	1 500	33 000
网络设备	5	台	15	5 880	88 200
存储设备	5	台	20	1 900	38 000
声音设备	5	台	20	1 700	34 000
合计					292 200

注：固定资产残值率统一为4%，采用直线法计提折旧。

设备达到更新年限时，于达到更新年限的当年年末进行更换并入账，于次年年初开始计提折旧。新设备投资数量及单价不变，旧设备残值处理收到的现金与账面价值相同。

（3）无形资产摊销。预计每年无形资产摊销65万元，摊销比例为35%。

（四）费用预测

经营费用标准表如表2-14所示。

表 2-14

经营费用标准表

项目	费用标准
一、职工薪酬	详见表2-12
二、日常经营	—
1.水电费	65 000元/月
2.年检保险费	75 500元/年
3.业务宣传费	1 050 000元/年

(续表)

项目	费用标准
4.维修保险费	75 000元/月
5.办公费	15 500元/月
6.版权费	1 200 000元/年
7.差旅费	20 000元/年
8.业务招待费	2 550元/月
9.咨询服务费	100 000元/年
10.折旧摊销费	—
其中:低值易耗品摊销	1 000 000元/年
无形资产摊销	根据"投资项目清单"中说明计算
固定资产折旧	根据"投资项目清单"中说明计算
使用权资产折旧	根据"投资项目清单"中说明计算
11.日常损耗	2 500 000元/年

(五) 营运资金使用计划

新锐公司在2025年1月1日垫支可供使用周转的流动资金60万元,该营运资金预计收回时间为2032年12月31日。

(六) 其他说明

新锐公司其他说明如下:

(1) 营业收入、成本均在发生当期变现,期间费用中,除了无形资产摊销、固定资产折旧和使用权资产折旧,其余均在发生当期付现。

(2) 除了以上说明,不考虑其他因素的影响。

注意:①新锐公司从2023年1月1日开始实施《企业会计准则第21号——租赁》。涉及租入资产折旧抵税的,按照税法口径进行计算。②不考虑租入资产残值。

资源7　股票价值

股票价值是虚拟资本的一种形式,它本身没有价值。从本质上讲,股票仅是一个代表股东拥有某一种所有权的凭证。股票之所以能够有价,是因为股票的持有人,即股东,不但可以参加股东大会,对股份公司的经营决策施加影响,还享有参与分红与派息的权利,获得相应的经济利益。

新锐公司计划利用一笔资金长期投资购买股票。现有M公司股票、N公司股票、L公司股票可供选择,新锐公司准备只购买一家公司的股票。已知M公司股票现行市价为每股3.5元,2024年每股股利为0.15元,预计以后每年以6%的增长率增长。N公司股票现行市价为每股7元,2024年每股股利为

0.6元,股利分配政策将一贯坚持固定股利政策。L公司股票现行市价为每股4元,2024年每股股利为0.2元,预计L公司未来3年股利第一年增长14%,第二年增长14%,第三年增长5%,第四年及以后将保持每年2%的固定增长率水平。若3支股票的β系数均为2,目前无风险收益率为4%,市场上所有股票的平均收益率为7%。

请采用股票股价模型进行计算。

任务1 筹资决策分析

一、资产负债项目预测

业务描述:根据题面完成资产负债项目预测表。销售百分比四舍五入保留"%"前2位小数,如3.50%,并以此结果进行后续计算。其余数据以完整小数位引用计算,结果四舍五入保留2位小数。2025年资产负债项目预测表如表2-15所示。

表 2-15

2025 年资产负债项目预测表

编制单位: 金额单位:元

项目	收入敏感性项目(是/否)	2024年	销售百分比	2025年
销售收入	—	18 000 000.00	—	23 400 000.00
货币资金	是	4 307 608.30		
应收账款	是	3 600 000.00		
存货	是	15 624 099.00		
流动资产合计	—	23 531 707.30	—	
长期应收款	否	4 090 980.00		4 090 980.00
长期股权投资	否	26 139 520.00		26 139 520.00
固定资产	否	1 009 454.00		10 509 454.00
使用权资产	否	1 502 220.00		1 502 220.00
无形资产	否	5 502 750.00		5 502 750.00
开发支出	否	8 573 260.00		8 573 260.00
长期待摊费用	否	2 487 252.00		2 487 252.00
非流动资产合计	—	49 305 436.00	—	

(续表)

项目	收入敏感性项目（是/否）	2024年	销售百分比	2025年
资产合计	—	72 837 143.30	—	
短期借款	否	3 505 840.00	—	4 005 840.00
应付账款	是	867 200.00		
应付职工薪酬	是	889 886.00		
应交税费	是	1 103 186.30		
其他应付款	是	344 179.00		
流动负债合计	—	6 710 291.30	—	
长期借款	否	5 490 000.00		5 490 000.00
非流动负债合计	—	5 490 000.00		
负债合计	—	12 200 291.30		

解题分析：

（1）收入敏感性项目随着收入变化而变化，非收入敏感性项目除了给定项目其余无变化。

（2）销售百分比要用 round 函数，并且保留"％"前2位小数。

二、融资需求预测

业务描述： 根据资源1及已完成相关任务结果，完成2025年融资需求预测表。以完整小数位引用计算，结果四舍五入保留2位小数。2025年融资需求预测表如表2-16所示。

表2-16

2025年融资需求预测表　　　　　　　　　　　单位：元

项目	2025年预计金额
营业收入	
净利润	
支付股利	
利润留存	
经营性流动资产增加额	
经营性非流动资产增加额	
经营性负债增加额	
外部融资总需求	
外部融资需求额	

解题分析：

（1）经营性负债不包含短期借款。

（2）外部融资总需求＝经营性流动资产增加额＋经营性非流动资产增加额－经营性负债增加额。

（3）外部融资需求额＝外部融资总需求－利润留存。

三、筹资方式决策

业务描述： 根据资源1及已完成相关任务结果，完成筹资方式决策表。以完整小数位引用计算，税后资本成本率四舍五入保留"％"前2位小数，如3.50％，其余结果四舍五入保留2位小数。默认现金流发生在年末，现金流入为正，流出为负。选择何种方式以"1"或"2"作答。筹资方式决策表如表2-17所示。

表 2-17

筹资方式决策表 金额单位：万元

时间（年末）	2024年	2025年	2026年	2025年	2026年	2027年
方式1：长期借款						
取得本金		—	—	—	—	—
支付利息	—					
利息抵税						
归还本金						
各期税后现金流量						
税后资本成本率（折现模式）						
方式2：发行债券						
发行债券收取资金						
发行费用支出		—	—	—	—	—
支付债券利息	—					
利息抵税						
赎回债券支出资金		—	—	—	—	
各期税后现金流量						
税后资本成本率（折现模式）		—	—	—	—	
选择何种方式（1/2）						

解题分析：

（1）外部融资额向上保留至万位，要用roundup函数。

（2）支付利息以负数表示。

（3）税后资本成本率用IRR函数进行计算。

任务2　设备开发决策分析

业务描述： 根据资源2，完成设备开发决策表。折现系数四舍五入保留2位小数，并以此结果进行后续计算。其余数据以完整小数位引用计算，结果四舍五入保留2位小数。默认现金流发生在年末，现金流量流入为正，流出为负。非付现费用以非负数表示，平均年成本以正数填列。选择何种方式以"1"或"2"作答。设备开发决策表如表2-18所示。

表2-18

设备开发决策表　　　　　　　　　　　　　　金额单位：元

时间（年末）	2024年	2025年	2026年	2025年	2026年	2027年
方式1：自主开发						
开发成本		—	—	—	—	—
税后维护费	—					
折旧						
折旧抵税						
变现相关现金流						
方式2：经营租赁						
租金						
折旧	—					
折旧抵税						
变现相关现金流		—	—	—	—	—
差额现金流量						
折现系数						
现值						
净现值						
平均年成本						
选择何种方式(1/2)						

解题分析：

（1）折现系数四舍五入保留2位小数，要用round函数。

（2）现金流量流入为正，流出为负。

（3）维护费为税后的，要乘以"(1－税率)"。

（4）折旧要按照税法规定的年限进行计算。

（5）变现相关现金流包含变现的金额和纳税或抵税的金额。

（6）经营租赁计算折旧的基数包含转让价格。

任务3　固定资产购置与租赁决策分析

业务描述： 根据资源3，完成购置与租赁决策表。折现率为10%，年金现值系数和复利现值系数保留4位小数进行后续计算。其余结果以完整小数位计算，结果四舍五入保留2位小数，带"%"的项目四舍五入保留"%"前2位小数，如3.14%。默认现金流发生在年末，现金流量流入为正，流出为负。非付现费用以非负数表示，平均年成本以正数填列。选择何种方式以"1"或"2"作答。购置与租赁决策表如表2-19所示。

表2-19

购置与租赁决策表　　　　　　　　金额单位：元

时间(年末)	2024年	2025年	2026年	2025年	2026年	2027年	2028年	2029年	2030年	2031年	2032年	2033年	2034年	2035年	2036年	2037年
年金现值系数																
复利现值系数																
方式1：购买																
设备投资																
税后付现成本	—															
税后大修理支出																
税法折旧	—															
税法折旧抵税	—															
残值变现	—															
残值变现抵税（或纳税）	—															
各期税后现金流量																
共同年限法调整后的净现值																
平均年成本																
方式2：租赁																
租金																
租赁手续费		—	—	—	—	—	—	—	—	—	—	—	—	—	—	—
转让款支付		—	—	—	—	—	—	—	—	—	—	—	—	—	—	—
计税基础																

(续表)

时间(年末)	2024年	2025年	2026年	2025年	2026年	2027年	2028年	2029年	2030年	2031年	2032年	2033年	2034年	2035年	2036年	2037年
税法折旧	—															
税法折旧抵税	—															
残值变现	—	—	—	—	—	—	—	—	—	—	—	—	—	—	—	
残值变现抵税（或纳税）	—	—	—	—	—	—	—	—	—	—	—	—	—	—	—	
各期税后现金流量																
共同年限法调整后的净现值																
平均年成本																
选择何种方式(1/2)																

解题分析：

（1）每5年才产生大修理支出。

（2）计税基础＝租金＋租赁手续费＋转让款支付。

任务4　资本成本分析

一、债券资本成本计算

业务描述： 根据资源4，完成债券资本成本计算表。复利现值系数和年金现值系数四舍五入保留4位小数，并以此结果进行后续计算。其余数据以完整小数位引用计算，结果四舍五入保留2位小数。带"％"的项目四舍五入保留"％"前2位小数，如3.24％。债券资本成本计算表如表2-20所示。

表 2-20

债券资本成本计算表　　　金额单位：元

项目	现值系数	债券市价
利率为5％时的年金现值系数		
利率为5％时的复利现值系数		
利率为7％时的年金现值系数		
利率为7％时的复利现值系数		
插值法计算的债券资本成本		

二、加权平均资本成本计算

业务描述：根据资源4，完成加权平均资本成本计算表。复利现值系数和年金现值系数四舍五入保留4位小数，并以此结果进行后续计算。其余数据以完整小数位引用计算，结果四舍五入保留2位小数。加权平均资本成本四舍五入保留"％"前整数，如3％。其余带"％"的项目四舍五入保留"％"前2位小数，如3.24％。加权平均资本成本计算表如表2-21所示。

表2-21

加权平均资本成本计算表

项目	数值
税前债务资本成本	
公司产权比率	
公司当前β权益	
公司当前β资产	
新项目筹资产权比率	
项目β权益	
无风险报酬率	
市场风险溢价	
项目权益资本成本	
加权平均资本成本	

解题分析：

(1) 现值系数要保留4位小数。

(2) β资产＝β权益÷[1＋(1－企业所得税税率)×产权比率]。

(3) 计算加权平均资本成本时要用税后债务资本成本。

任务5 软件开发投资决策分析

一、软件费用预测

业务描述：根据资源5，完成软件费用预测表。以完整小数位引用计算，结果四舍五入保留2位小数。软件费用预测表如表2-22所示。

表2-22

软件费用预测表

单位：元

项目	合计	第1年	第2年	第3年	第4年	第5年	第6年	第7年	第8年	第9年	第10年
一、职工薪酬											

(续表)

项目	合计	第1年	第2年	第3年	第4年	第5年	第6年	第7年	第8年	第9年	第10年
二、日常经营											
1.水电费											
2.年检保险费											
3.业务宣传费											
4.维修保险费											
5.办公费											
6.版权费											
7.差旅费											
8.业务招待费											
9.咨询服务费											
10.折旧摊销费											
其中：低值易耗品摊销											
无形资产摊销											
固定资产折旧											
使用权资产折旧											
11.日常损耗											
费用合计											
付现费用合计											

解题分析：

（1）注意项目顺序与表格顺序不一致。

（2）开发团队只在第一年租赁办公室。

（3）付现费用包含低值易耗品摊销。

二、营业利润预测

业务描述： 根据资源5及已完成相关任务结果，完成营业利润预测表。虚拟道具的销售量向上保留整数，并以此结果进行后续计算。其余数据以完整小数位引用计算，结果四舍五入保留2位小数。营业利润预测表如表2-23所示。

表 2-23

营业利润预测表　　　　　　　　　　　　　　　　　　　　　　单位:元

年份(年末)	第1年	第2年	第3年	第4年	第5年	第6年	第7年	第8年	第9年	第10年
营业收入										
成本费用										
营业利润										

解题分析:

(1) 虚拟道具的销售量向上保留整数。

(2) 成本费用包含营业成本和已完成任务中的费用合计。

三、现金流量预测

业务描述: 根据资源 5 及已完成相关任务结果,完成现金流量预测表。以完整小数位引用计算,结果四舍五入保留 2 位小数。现金流量预测表如表 2-24 所示。

表 2-24

现金流量预测表　　　　　　　　　　　　　　　　　　　　　　单位:元

项目	第0年	第1年	第2年	第3年	第4年	第5年	第6年	第7年	第8年	第9年	第10年
租金支付		—									
固定资产投资											
营运资金垫支		—									
税前毛利现金流入	—										
税前付现费用流出											
税前非付现费用											
净利润	—										
营业期现金流量净额											
固定资产残值收入											
营运资金收回	—	—	—	—	—	—	—	—	—	—	
项目现金净流量											

解题分析:

(1) 设备达到更新年限时,于达到更新年限的当年年末进行更换并入账,第 10 年除外。

(2) 税前毛利现金流入＝营业收入×(1－65%)。

(3) 营业期现金流量净额＝净利润＋税前非付现费用。

四、项目净现值计算

业务描述：根据已完成相关任务结果，完成项目净现值计算表。复利现值系数四舍五入保留2位小数，并以此结果进行后续计算。其余数据以完整小数位引用计算，计算结果四舍五入保留2位小数。默认现金流发生在年末，现金流量流入为正，流出为负。非付现费用以非负数表示。项目净现值计算表如表2-25所示。

表2-25

项目净现值计算表　　　　　　　　金额单位：元

项目	第0年	第1年	第2年	第3年	第4年	第5年	第6年	第7年	第8年	第9年	第10年
各年净现金流量											
复利现值系数（折现率10%）											
贴现现金流量											
净现值（NPV）											

解题分析：

(1) 折现率为10%。

(2) 复利现值系数四舍五入保留2位小数。

任务6　游戏开发投资决策分析

一、软件费用预测

业务描述：根据资源6，完成软件费用预测表。以完整小数位引用计算，结果四舍五入保留2位小数。软件费用预测表如表2-26所示。

表2-26

软件费用预测表　　　　　　　　单位：元

项目	合计	第1年	第2年	第3年	第4年	第5年	第6年	第7年	第8年	第9年	第10年
一、职工薪酬											
二、日常经营											
1. 水电费											
2. 年检保险费											

(续表)

项目	合计	第1年	第2年	第3年	第4年	第5年	第6年	第7年	第8年	第9年	第10年
3. 业务宣传费											
4. 维修保险费											
5. 办公费											
6. 版权费											
7. 差旅费											
8. 业务招待费											
9. 咨询服务费											
10. 折旧摊销费											
其中:低值易耗品摊销											
无形资产摊销											
固定资产折旧											
使用权资产折旧											
11. 日常损耗											
费用合计											
付现费用合计											

解题分析:

(1) 本题低值易耗品摊销属于付现费用。

(2) 办公室只在第一年租赁2间。

二、营业利润预测

业务描述: 根据资源6及已完成相关任务结果,完成营业利润预测表。虚拟道具的销售量向上保留整数,并以此结果进行后续计算。其余数据以完整小数位引用计算,结果四舍五入保留2位小数。营业利润预测表如表2-27所示。

表 2-27

营业利润预测表　　　　　　　　　　　　　单位:元

年份(年末)	第1年	第2年	第3年	第4年	第5年	第6年	第7年	第8年	第9年	第10年
营业收入										
成本费用										
营业利润										

解题分析：

(1) 虚拟道具的销售量向上保留整数。

(2) 成本费用包含营业成本和已完成任务中的费用合计。

三、现金流量预测

业务描述： 根据资源 6 及已完成相关任务结果，完成现金流量预测表。以完整小数位引用计算，结果四舍五入保留 2 位小数。现金流量预测表如表 2-28 所示。

表 2-28

现金流量预测表　　　　　　　　　　　　　　　　单位：万元

项目	第0年	第1年	第2年	第3年	第4年	第5年	第6年	第7年	第8年	第9年	第10年
租金支付				—			—			—	
固定资产投资											
营运资金垫支											—
税前毛利现金流入	—										
税前付现费用流出	—										
税前非付现费用											
净利润	—										
营业期现金流量净额	—										
固定资产残值收入											
营运资金收回	—	—	—	—	—	—	—	—	—	—	
项目现金净流量											

解题分析：

(1) 本任务单位为万元，注意单位之间的转换。

(2) 设备达到更新年限时，于达到更新年限的当年年末进行更换并入账，第 10 年除外。

(3) 税前毛利现金流入＝营业收入×32%。

(4) 营业期现金流量净额＝净利润＋税前非付现费用。

四、项目净现值计算

业务描述： 根据已完成相关任务结果，完成项目净现值计算表。复利现值系数四舍五入保留2位小数,并以此结果进行后续计算。其余数据以完整小数位引用计算,结果四舍五入保留2位小数。默认现金流发生在年末,现金流量流入为正,流出为负,非付现费用以非负数表示。项目净现值计算表如表2-29所示。

表2-29

项目净现值计算表   金额单位:万元

项目	第0年	第1年	第2年	第3年	第4年	第5年	第6年	第7年	第8年	第9年	第10年
各年净现金流量											
复利现值系数（折现率10%）											
贴现现金流量											
净现值(NPV)											

解题分析：

（1）折现率为10%。

（2）复利现值系数四舍五入保留2位小数。

任务7　独立方案选择

业务描述： 根据已完成相关任务结果,完成独立项目评价表。以完整小数位引用计算,结果四舍五入保留2位小数。以项目净现值大小判断是否开发新软件,是否可行以"是"或"否"填制答案。独立投资项目评价表如表2-30所示。

表2-30

独立投资项目评价表

项目	净现值（万元）	是否可行（是/否）
项目勾线A		
项目西域雄狮		

解题分析：

（1）净现值单位为万元,注意单位之间的转换。

（2）项目是否可行以净现值大小进行判断。

任务8　股票价值分析

业务描述： 根据资源7,完成股票价值计算表。现值系数四舍五入保留

4位小数,并以此结果进行后续计算。其余数据以完整小数位引用计算,结果四舍五入保留2位小数。是否值得投资以"是"或"否"作答。股票价值计算表如表2-31所示。

表2-31

股票价值计算表　　　　　　　　金额单位:万元

项目	数值
投资收益率	
M公司股票价值	
N公司股票价值	
L公司第一年股利	
L公司第二年股利	
L公司第三年股利	
L公司股票价值	
M公司是否值得投资	
N公司是否值得投资	
L公司是否值得投资	

解题分析:

(1) 投资收益率＝无风险收益率＋β×(平均收益率－无风险收益率)。

(2) 股票价值＝$D1\div(R-g)$。

岗位三

营运管理岗位

实训目标

- 熟悉作业成本法的基本运营
- 掌握作业活动类型、资源费用类型的划分
- 掌握作业成本法和传统成本法下的成本核算分析
- 培养精益求精的工匠精神

实训内容

- 资源标准费用预算
- 作业成本分配预算
- 差异分析数据准备
- 变动制造费用差异分析
- 固定制造费用差异分析
- 礼包销售与研发决策分析
- 定价决策分析
- 本量利分析
- 敏感性分析
- 信用政策分析

岗位资源

资源1 作业成本资料

作业成本法是一种成本会计模型,作业管理可以帮助管理人员轻松发现价值是如何实现最大化的,企业业绩是如何被提高的。新锐公司采用作业成本法核算成本费用,在不考虑新游戏带来成本的前提下进行假设,为完成费用归集,搜集相关数据如下。

一、资源费用的归集

(1) 已知各部门办公面积明细表如表3-1所示,且短时间内不会发生改变。

表3-1

各部门办公面积明细表

部门	作业	面积(平方米)
总经办	行政作业	18
人事部	行政作业	24
财务部	行政作业	24
综合部	行政作业	30
策划部	策划作业	48
美工部	美工作业	90
建模部	建模作业	66
程序部	程序作业	74
测试部	测试作业	48
市场部	市场推广作业	30
售后部	售后服务作业	24
维护部	游戏维护作业	24

(2) 根据相关资料统计,2024年各部门实际费用发生额明细表如表3-2所示。

表3-2

2024年各部门实际费用发生额明细表 单位:元

资源(成本要素)	总经办	人事部	财务部	综合部	策划部	美工部	建模部	程序部	测试部	市场部	售后部	维护部
人工工资	330 000	440 000	440 000	440 000	1 540 000	1 080 000	2 000 000	1 980 000	360 000	600 000	280 000	280 000

(续表)

资源(成本要素)	总经办	人事部	财务部	综合部	策划部	美工部	建模部	程序部	测试部	市场部	售后部	维护部
电脑折旧	6 720	8 960	8 960	8 960	22 400	38 400	32 000	28 800	13 440	11 200	8 960	8 960
服务器折旧	12 000	16 000	16 000	16 000	28 000	48 000	40 000	36 000	24 000	20 000	16 000	16 000
其他设备折旧	2 520	3 360	3 360	3 360	5 880	10 080	8 400	7 560	5 040	4 200	3 360	3 360
宽带	7 200	9 600	9 600	9 600	16 800	28 800	24 000	21 600	14 400	12 000	9 600	9 600
水电费	18 060	24 080	24 080	24 080	42 140	72 240	60 200	54 180	36 120	30 100	24 080	24 080
无形资产摊销	21 000	28 000	28 000	28 000	49 000	84 000	70 000	63 000	42 000	35 000	28 000	28 000
房租	32 400	43 200	43 200	54 000	86 400	162 000	118 800	133 200	86 400	54 000	43 200	43 200
广告费										6 000 000		

(3) 为扩大影响力,2025 年新锐公司将在某平台播放相关广告吸引客户、增加宣传力度,播放时间明细表如表 3-3 所示。

表 3-3

播放时间明细表

项目	第 1 季度	第 2 季度	第 3 季度	第 4 季度
广告投放(小时)	5.00	2.50	3.33	5.83

注:为简便计算,以资源动因保留整数后的结果进行计算。

(4) 2025 年人工工时预计表如表 3-4 所示。

表 3-4

2025 年各部门人工工时预计表　　　　　　　　　　　单位:小时

部门	1月	2月	3月	4月	5月	6月	7月	8月	9月	10月	11月	12月
总经办	480	450	510	510	450	510	540	540	510	450	510	540
人事部	640	600	680	680	600	680	720	720	680	600	680	720
财务部	640	600	680	680	600	680	720	720	680	600	680	720
综合部	800	750	850	850	750	850	900	900	850	750	850	900
策划部	1 280	1 200	1 360	1 360	1 200	1 360	1 440	1 440	1 360	1 200	1 360	1 440
美工部	2 400	2 250	2 550	2 550	2 250	2 550	2 700	2 700	2 550	2 250	2 550	2 700
建模部	1 760	1 650	1 870	1 870	1 650	1 870	1 980	1 980	1 870	1 650	1 870	1 980
程序部	1 920	1 800	2 040	2 040	1 800	2 040	2 200	2 160	2 040	1 800	2 040	2 160
测试部	1 280	1 200	1 360	1 360	1 200	1 360	1 440	1 440	1 360	1 200	1 360	1 440
市场部	800	750	850	850	750	850	900	900	850	750	850	900
售后部	640	600	680	680	600	680	720	720	680	600	680	720
维护部	640	600	680	680	600	680	720	720	680	600	680	720

注:由于程序部机器故障,7月造成 40 小时的停工,该时间不计入工时。

(5) 根据往年经验及对部分情况的询问，得出 2025 年资源标准费用预算表如表 3-5 所示。

表 3-5

2025 年资源标准费用预算表

项目	资源动因	策划作业	美工作业	建模作业	编程作业	测试作业	行政作业	市场推广作业	售后服务作业	游戏维护作业
人工	工时（小时）	120.00	48.00	110.00	120.00	30.00	55.00	60.00	35.00	40.00
电脑折旧	工时（小时）	1.60	1.60	1.60	1.60	1.12	1.12	1.12	1.12	1.12
服务器折旧	工时（小时）	2.00	2.00	2.00	2.00	2.00	2.00	2.00	2.00	2.00
其他设备折旧	工时（小时）	0.42	0.42	0.42	0.42	0.42	0.42	0.42	0.42	0.42
宽带	工时（小时）	1.20	1.20	1.20	1.20	1.20	1.20	1.20	1.20	1.20
水电费	工时（小时）	3.01	3.01	3.01	3.01	3.01	3.01	3.01	3.01	3.01
无形资产摊销	工时（小时）	3.50	3.50	3.50	3.50	3.50	3.50	3.50	3.50	3.50
月租房租	面积（平方米）	150.00	150.00	150.00	150.00	150.00	150.00	150.00	150.00	150.00
广告费	广告投放（分钟）							20 000.00		

二、作业费用分配计算相关内容

在企业内部将不同部门划分为 4 个作业中心，每个作业中心将不同的作业归集计算，更有利于企业成本费用管理。作业中心分类如表 3-6 所示。

表 3-6

作业中心分类

作业中心名称	作业详情	动因调整说明
运营管理部门	行政作业	不考虑房租和广告费，作业动因仅为工时
设计研发部门	策划作业、美工作业、建模作业、程序作业、测试作业	
销售宣传部门	市场推广作业	
售后维护部门	售后服务作业、游戏维护作业	

由于历年场地不变且无其他计划，房租费用可视为必要成本，在后续作业

成本计算中将暂时不考虑该费用,业务宣传费受前一年收入及企业计划影响较大,暂时不考虑该成本。

经过计划,原产品作业量如表3-7所示。

表3-7

原产品作业量　　　　　　　　单位:小时

作业中心名称	作业量					
	PC端网络游戏	代号M	寻迹Q	移动网络游戏	序号7	勾线A
运营管理部门	6 400	6 400	4 800	6 400	3 200	4 800
设计研发部门	5 400	21 600	21 600	21 600	16 200	21 600
销售宣传部门	1 500	2 000	1 500	1 500	2 000	1 500
售后维护部门	4 800	1 600	3 200	2 400	1 600	2 400

注:差额计入表中最后一个游戏(勾线A)。

资源2　代号M基本情况

代号M是一款广受好评的全民电子竞技游戏,为给消费者带来更好的游戏体验,并维持游戏热度,公司要时常为该游戏举办活动、开辟新的功能,以此增加新鲜感,留住老用户,吸引新用户。由于该游戏推广许久,早已有较为成熟的工艺流程,在此,我们将对代号M的新游戏场景开发进行标准成本差异分析。

标准成本法又称标准成本会计,是西方管理会计的重要组成部分。它是以预先制定的标准成本为基础,用标准成本与实际成本进行比较,核算和分析成本差异的一种产品成本计算方法,也是加强成本控制、评价经济业绩的一种成本控制制度。它的核心是按标准成本记录和反映产品成本的形成过程和结果,并以此实现对成本的控制;标准成本差异是指实际成本与标准成本之间的差额,在计算时,分为直接材料成本差异、直接工资成本差异、制造费用成本差异等3个方面。

一、材料成本差异分析

材料成本差异是指实际材料成本与标准材料成本之间的差异。具体而言,材料成本差异可分为材料价格差异和材料用量差异。材料价格差异是指实际材料采购价格与标准材料价格之间的差异。当实际价格高于标准价格时,产生了不利差异;反之则为有利差异。产生材料价格差异的原因包括供应商价格上涨、采购数量变动等。

场景制作需要耗费大量的资源,策划部计划设计256个画面,制作完成后,在上线游戏前需要审核员审核,受审核员审核后对部分画面进行删减,在游戏中实际呈现出 250 个画面。策划部起初计划使用资源包 A 进行画面编辑,一个画面大概损耗 4 个资源包 A,但最后一个画面仅使用大概 3 个资源包 A 就能达到预期。(注:该资源包为设计所需要的 APP、程序等,操作者使用该资源包,可对游戏内部数据进行设置和修改,就能达到使用目的,此处将资源包定义为材料耗费的用量单位)

资源包的成本由取得成本、安装成本、使用成本构成。取得成本是向外购买或自主研发所产生的成本,安装成本是为达到可使用状态前的调试与安装所耗费的材料损耗与成本,使用成本是对该资源包直接进行使用所产生的费用。

新锐公司计划向外购买资源包 A,大致花费 204 800 元取得该资源包的暂时使用权,安装该项资源包花费 25 600 元,后期调试使用费为 153 600 元。经过公司程序部对已有资源的更新改良,自主研发出资源包 B,资源包 B 的使用效力与资源包 A 完全等同,研发费用合计约为 268 800 元。与向外购买计划相比省下 115 200 元,得到了赞同并实施。

二、人工成本差异分析

在游戏设计中,人力占比重大,一个好的游戏设计,需要大量的人才。新锐公司对该游戏的设计早已熟练,按照以往的经验,一个好的画面的设计,策划部需要使用 0.3 个小时进行计划设计;设计完成后,交由美工部进行绘画创作大致需要 0.8 个小时;接收绘图后,建模部与程序部同时收到任务并进行,各需 0.2 个小时;完成后均交由测试部完成测试,大致需要 0.5 个小时。但实际上,部门间的传递需要花费 6 分钟,该时间仍需进行人工费用计算。

经过推算,标准工资率为 560 元/小时,实际工资率为 565 元/小时。

三、制造费用差异分析

(一) 变动制造费用

1. 制定方法

变动制造费用标准成本的计算公式如下:

变动制造费用标准成本=变动制造费用标准分配率×单位产品标准人工工时

以 2019—2023 年代号 M 的变动制造费用的相关数据为基础,采用修正移动平均法计算数据,计算 2024 年的变动制造费用标准分配率。

2. 计算步骤

(1) 计算 2019—2023 年变动制造费用的移动平均值,将其作为 2023 年的预测值。

(2) 结合 2024 年变动制造费用预测金额,计算 2019—2024 年移动平均值,将其作为 2024 年的预测值。

(3) 结合 2023 年和 2024 年的预测值,计算 2024 年修正移动平均值,并将其认定为2024年变动制造费用标准成本。

3. 相关数据

预计2024年的变动制造费用为108 885.7元，2024年实际变动成本分配率为215元/小时。2019—2023年实际发生变动制造费用如表3-8所示。

表3-8

2019—2023年实际发生变动制造费用 　　　　　　　　　　单位：元

时间	2019年	2020年	2021年	2022年	2023年
变动制造费用	106 770.00	108 320.00	111 400.00	103 780.00	109 810.00

（二）固定制造费用

1. 设备折旧

设备折旧明细表如表3-9所示。

表3-9

设备折旧明细表 　　　　　　　　　　金额单位：元

名称	单位	数量	单价	金额	折旧/更新年限（年）
光学测量仪	台	4	5 000	20 000	10
影像仪	台	4	5 500	22 000	10
立式工作台	台	4	10 000	40 000	10
电脑	台	4	8 000	32 000	10
检测仪	台	4	6 000	24 000	10
调试仪	台	4	5 000	20 000	10
合计	—	—	—	158 000	—

注：固定资产残值率统一为4%，采用直线法计提折旧，资产折旧期满时于折旧期满的当月月末重新购入并入账，并于次月投入使用。

2. 研发室折旧

每月分摊至该工作室的费用为2 000元。固定制造费用标准分配率为60元/小时。

资源3　短期经营决策

短期经营决策是指对企业1年内或维持当前的经营规模的条件下所进行的决策。短期经营决策的主要特点是在既定的规模条件下决定如何有效地进行资源的配置，以获得最大的经济效益。通常不涉及固定资产投资和经营规模的改变。

制定短期经营决策主要有以下4个步骤：

(1) 明确决策问题和目标。制定决策必须明确决策的问题和目标,必须清晰界定决策的标准,作为选择最优方案的依据和准绳。

(2) 收集相关资料并制定备选方案。收集相关资料和数据,并充分考虑现实与可能,设计制定各种可能实现标的备选方案。各备选方案要尽可能详细,便于分析各方案的优劣。

(3) 对备选方案作出评价,选择最优方案。对备选方案进行详细的定性分析和定量分析,分析各方案的可行性和优劣。

(4) 决策方案实施与控制。方案的实施过程中,可能会出现预料外的新情况,要根据新情况调整和修改原方案,对方案实施过程的监控,保证决策的顺利实施。

一、生产决策

为推动游戏发展,增加游戏热度,代号 M 策划组将推出新的礼包。该礼包为 2024 年夏季限定礼包,被预定为"第三档"价格销售。为制定设计方案,代号 M 策划组于 2024 年 1 月 1 日进行问卷调查,并于 2024 年 2 月 1 日立即投入礼包的生产研发。了解玩家需求后,最终将该礼包命名为"夏清"。

为研究是否推出"夏清",代号 M 策划组搜取往年数据进行对比,代号 M 第三档礼包(部分)如表 3-10 所示。

表 3-10

代号 M 第三档礼包(部分) 金额单位:元

项目	浪一夏	清凉一夏
上一年礼包销量(个)	500	300
单位变动销售成本	2.0	3.0
单位变动维护成本	1.5	2.0
固定成本合计	35 000	30 000

注:以上礼包均为夏日限定礼包。游戏运营方会对边际收入较高的礼包进行返厂。

根据往年检验,今年必定返厂以上两款礼包中的一款,经过 1 年玩家的试用与体验,对该产品的看法和需求会发生改变。在两款礼包返厂选择的论坛采集数据中,有 30% 的玩家认为"浪一夏"礼包值得购买,如果返厂必定会购买该礼包,且其中 50% 的玩家也看好"清凉一夏"礼包;有 20% 的玩家认为只有"浪一夏"礼包值得购买;有 20% 的玩家只会购买"清凉一夏"礼包;其余玩家表示均不购买。共收集 1 000 份意见,根据以往经验,实际购买情况为论坛预测的 80%。

为研发生产出"夏清"礼包,新锐公司除了正常生产所需的设备折旧、人员工资、房屋折旧等费用共计 4 万元,还需花费 2 万元购买新设备,专门用于该礼包的生产,为增加销量另外需要产生大约 3 元/个的宣传费用,预计日后会产生 4 元/个的维护费用。

由于"夏清"礼包的对玩家吸引力极大,预计可以销售出 1 500 份,同时会导致返厂礼包无人购买。个人用户充值金额档位如表3-11所示。

表 3-11

个人用户充值金额档位

单位：元

档位	充值金额	档位	充值金额
5 档	648	2 档	68
4 档	328	1 档	6
3 档	128		

二、定价决策

（一）市场需求定价因素

市场需求定价因素主要包括以下几点：

（1）市场需求。商品的需求量越大，价格就越有可能上涨。当需求超过供给时，价格通常会升高，以平衡市场供需。

（2）消费者心理。消费者的购买意愿和心理预期也会影响价格。例如，当消费者对某种商品的需求增加时，价格可能会上涨。

（3）竞争环境。当市场上存在多个竞争对手时，价格通常会更接近行业的平均水平。激烈的竞争也会促使企业不断提高产品和服务的质量，以吸引更多的消费者。

（4）品牌效应。品牌的影响力和声誉也是影响价格的重要因素。知名品牌往往能够获得更高的溢价，因为消费者对其质量和信誉有更高的信任度。

（5）市场供需变化的预期。市场的供需变化预期也会影响价格。如果预期未来供应短缺，价格可能会上涨；反之，如果预期未来供应过剩，价格可能会下降。

（二）定价决策相关信息

1. 相关数据

新锐公司生产经营的一款游戏，采用买断制销售。根据2019—2022年的市场需求情况，对2023年的售价进行调整，为吸引消费者，个位上均为"9"。该游戏2020—2022年销售情况如表3-12所示。

表 3-12

2020—2022 年销售情况

年份	2020 年	2021 年	2022 年
销售量（个）	4 850	4 350	4 713
销售单价（元）	450	520	507

通过该游戏的热度及评价，对2023年销量预计为5 000个。现采用需求价格弹性系数定价法进行价格计算。

2. 计算步骤

第一步，计算2020—2021年、2021—2022年的需求价格弹性系数。

第二步,以两者的算术平均数作为2023年预测需求价格弹性系数。

第三步,计算2023年的销售价格,并进行价格调整。

资源4 本量利分析

本量利分析是"成本—业务量—利润分析"的简称。它是被用来研究产品价格、业务量(销售量、服务量或产量)、单位变动成本、固定成本总额、销售产品的品种结构等因素的相互关系,据以作出关于产品结构、产品订价、促销策略及生产设备利用等决策的方法。本量利分析中,人们最熟悉的形式是盈亏临界分析(或称保本分析)。许多人把两者等同起来。确切地说,盈亏临界分析只是全部本量利分析的一部分。盈亏临界分析并非只着眼于找出一个不盈不亏的临界点(或称保本点),它所期望的是获得尽可能好的经营成果。这种分析方法可以用来预测企业的获利能力;预测要达到目标利润应当销售多少产品(或完成多少销售额);预测变动成本、销售价格等因素的变动对利润的影响等。

一、保本分析

勾线 A 和序号 7 为新锐公司较为冷门的游戏,为此公司将对其进行本量利分析。

2 款游戏均以出售礼包的方式实现收入,共分为 5 档,对应单价为 648 元/个、328 元/个、128 元/个、68 元/个和 6 元/个,各档位营业收入为各档位销售量乘以对应单价。2 款游戏为同时研发,由同一个工作室进行操作。

新锐公司 2024 年发生 20 万元的固定研发相关费用。2024 年发生变动费用如下:勾线 A 对 5 个档位的礼包的进行宣传等,共计产生 5 万元的宣传费和推广费;序号 7 对 5 个档位的礼包的进行宣传等,共计产生 4.2 万元的宣传费和推广费。(对每一个礼包的推广程度相同)

固定费用按照第 5 档销售收入进行分配,分配率保留至百分号前整数,并以此结果进行后续计算。在保本分析中由第 5 档收入分配的固定成本保持不变,另外 5 个档位的礼包销售量的从 5 档至 1 档比例为 2∶4∶4∶5∶7。销售量相关数据如表 3-13 所示。

表 3-13   销售量相关数据   单位:个

档位/游戏类别	销售量				
	5 档	4 档	3 档	2 档	1 档
勾线 A	3 177	2 300	2 132	2 600	3 109
序号 7	357	1 480	2 300	5 056	5 300

二、保利分析

预计2025年继续投入8万元的研发费用,预期勾线A和序号7游戏2025年的利润总额可以达到10万元、6万元。固定成本分配按照"一、保本分析"比例进行计算,5个档位的礼包销售量的从5档至1档比例为2∶4∶4∶5∶7。

三、敏感性分析

根据表3-13中的数据及已完成相关任务结果进行计算,并进行敏感性分析。

资源5　营运资金管理——应收账款管理

新锐公司设有1个子公司负责周边产品销售业务,目前采用现金销售政策,为更好地销售游戏手办等周边产品,决定改变销售政策。2024年手办A销售情况如下:年销售量为8万件,产品单价为500元,生产成本、销售成本等变动成本为258元/件。为扩大销售量,子公司拟将目前的现销政策改为赊销并给予买方一定的现金折扣,信用政策为"$1.5/10, n/30$",改变信用政策后,年销售量预计提高20%,预计50%的客户会享受现金折扣优惠,40%的客户在30天内付款,10%的客户平均在信用期满后20天内付款,收回逾期应收账款将会发生逾期金额3%的手续费,年平均存货周转次数为10次。公司必要报酬率为8%,1年按360天计算。

岗位任务

任务1　资源标准费用预算

业务描述:根据资源1,按照作业成本法进行资源费用的归集。以完整小数位引用计算,结果四舍五入保留2位小数。2025年资源标准费用预算表如表3-14所示。

表3-14

2025年资源标准费用预算表　　　　　　　　　　　单位:元

作业	策划作业	美工作业	建模作业	编程作业	测试作业	市场推广作业	售后服务作业	游戏维护作业	行政作业
人工									
电脑折旧									

(续表)

作业	策划作业	美工作业	建模作业	编程作业	测试作业	市场推广作业	售后服务作业	游戏维护作业	行政作业
服务器折旧									
其他设备折旧									
宽带									
水电费									
无形资产摊销									
房租									
广告费									
合计									

解题分析：

（1）标准费用＝预计单位标准费用×作业动因。

（2）月租房租需要乘以12。

（3）广告投放单位是小时，其资源动因为分钟，以资源动因保留整数后结果进行计算，需要转化为分钟后保留整数。

（4）2025年各部门人工工时预计表的单位为小时。

（5）程序部7月造成40小时的停工，该时间不计入工时，不要忘了扣减。

（6）不要搞错各部门顺序。

任务2　作业成本分配预算

一、作业分配

业务描述： 根据资源1和已完成相关任务结果，完成作业分配率计算表。以完整小数位引用计算，作业量以整数填制答案。其余结果四舍五入保留2位小数，带"％"的项目四舍五入保留"％"前2位小数，如3.45％。作业分配率计算表如表3-15所示。

表3-15

作业分配率计算表

作业中心名称	作业量	资源费用合计（元）	作业分配率
运营管理部门			
设计研发部门			
销售宣传部门			
售后维护部门			

解题分析: 任务1的合计扣除房租和广告费后按作业详情分配至作业中心,再根据作业量计算作业分配率。

二、作业成本

业务描述: 根据资源1和已完成相关任务结果,完成作业成本预算表。本岗位相关数据可引用已完成任务填制结果,其余数据以完整小数位引用计算。作业量以整数填制答案,其余结果四舍五入保留2位小数,标有"％"的项目四舍五入保留"％"前2位小数,如3.45％。作业成本预算表如表3-16所示。

表3-16

作业成本预算表

作业中心名称	作业分配率	作业量(小时)					作业成本(元)				
		PC端网络游戏	代号M	寻迹Q	移动网络游戏	勾线A	序号7	PC端网络游戏	代号M	寻迹Q	移动网络游戏	勾线A	序号7
运营管理部门												
设计研发部门												
销售宣传部门												
售后维护部门												

解题分析: 根据表3-15的作业分配率和岗位资源中的作业量分配作业成本,不要搞错作业量的顺序。

任务3 差异分析数据准备

一、差异分析基础

业务描述: 根据资源2,完成差异分析基础。以完整小数位引用计算,数量保留整数,其余结果四舍五入保留2位小数。差异分析基础如表3-17所示。

表3-17

差异分析基础

项目	计划画面数量(个)	实际画面数量(个)	计划用量标准(小时)	实际用量标准(小时)	计划价格标准(元/小时)	实际价格标准(元/小时)
直接材料						
直接人工						
变动制造费用						

解题分析:

(1) 虽然最后删减了画面,但实际上只做了 256 个画面,因此实际和预计的画面数量均为 256 个。

(2) 变动制造费用的计划价格标准根据资源 2 计算的修正移动平均值/计划画面数量/计划用量标准得出。

二、变动制造费用标准成本

业务描述: 根据资源 2,完成 2024 年变动制造费用标准成本表。以完整小数位引用计算,结果四舍五入保留 2 位小数。2024 年变动制造费用标准成本表如表 3-18 所示。

表 3-18

2024 年变动制造费用标准成本表

项目	2019 年	2020 年	2021 年	2022 年	2023 年	2024 年
变动制造费用实际发生额/预计发生额(元)						
移动平均值(元)		—	—	—		
修正移动平均值(元)						
2024 年标准人工工时(小时)						
2024 年变动制造费用标准分配率(元/小时)						

解题分析:

(1) 修正后的预测销售量=未修正的预测销售量+(未修正的预测销售量-预测期前一期的预测销售量)。

(2) 2024 年标准人工工时包括部门传递时间,此处不同于后续的成本差异计算。

任务 4　变动制造费用差异分析

一、差异分析基础

业务描述: 根据资源 2,完成差异分析基础。以完整小数位引用计算,数量保留整数,其余结果四舍五入保留 2 位小数。差异分析基础如表 3-19 所示。

表 3-19

差异分析基础

项目	计划画面数量(个)	实际画面数量(个)	计划用量标准(小时)	实际用量标准(小时)	计划价格标准(元/小时)	实际价格标准(元/小时)
直接材料						
直接人工						
变动制造费用						

解题分析： 根据任务 3 的差异分析基础计算价差量差，负数节约，正数超支。

二、变动制造费用差异

业务描述： 根据资源 2 及本岗位已完成相关任务结果，完成变动制造费用差异分析。以完整小数位引用计算，结果四舍五入保留 2 位小数。差异类型填写"超支"或"节约"。变动制造费用差异分析如表 3-20 所示。

表 3-20

变动制造费用差异分析 单位：元

项目	变动制造费用耗费差异	变动制造费用效率差异	变动制造费用总差异
代号 M			
差异类型			

解题分析： 根据表 3-19 的差异分析基础计算价差量差，负数节约，正数超支。

任务 5　固定制造费用差异分析

业务描述： 根据资源 2 及本岗位已完成相关任务结果，完成固定制造费用差异分析。以完整小数位引用计算，结果四舍五入保留 2 位小数。差异类型填写"超支"或"节约"。固定制造费用差异分析如表 3-21 所示。

表 3-21

固定制造费用差异分析 单位：元

项目	代号 M	差异类型
固定制造费用耗费差异		
固定制造费用闲置能量差异		
固定制造费用效率差异		
固定制造费用总差异		

解题分析： 分别将因素算出、写明后，代入公式计算，实际分配率＝实际费用÷实际画面数量÷实际用量标准。计算结果若是正数为超支，负数为节约。

任务 6　礼包销售与研发决策分析

业务描述： 根据资源 3，完成礼包销售决策和研发决策。以完整小数位引用计算，销售量以整数填列，带"％"的项目四舍五入保留"％"前 2 位小数，如

3.24%,其余结果四舍五入保留 2 位小数。礼包的选择填写"A"或"B",是否研发填写"是"或"否"。礼包销售决策过程如表 3-22 所示,研发决策过程如表 3-23 所示。

表 3-22

礼包销售决策过程

金额单位:元

项目	A. 浪一夏	B. 清凉一夏
2023 年礼包销量(个)		
2024 年礼包销量(个)		
礼包单价		
礼包变动成本		
礼包固定成本		
本年礼包边际贡献		
本年礼包收益		
礼包的选择(A/B)		

表 3-23

研发决策过程

金额单位:元

项目	夏清
2024 年销量	
增加的相关收入	
增加的变动成本	
增加的边际贡献	
减:专属成本	
机会成本	
固定成本	
增量的收益	
是否研发(是/否)	

解题分析:

(1) 根据论坛采集数据得出的概率,在此基础上乘以 1 000 份,再乘以 80%。再根据岗位资源中的资源计算。

(2) 比较 2 款返厂礼包中收益大的礼包与研发礼包的增量收益,若增量的收益为正则研发。

任务 7　定价决策分析

业务描述:根据资源 3,完成定价决策。以完整小数位引用计算,销售量以整数填列，带"％"的项目四舍五入保留"％"前2位小数，如3.24％。其余结果四舍五入保留2位小数。定价决策过程如表3-24所示。

表3-24

定价决策过程　　　　　　　　　　　金额单位：元

项目	2021年	2022年	2023年
销售量（个）			
销售单价			
需求价格弹性系数（E）			
2023年需求价格弹性系数			
经调整后的单价			

解题分析：

（1）需求价格弹性系数（E）＝销售量变化÷销售单价变化。

（2）根据得出的2023年需求价格弹性系数和销售量变化，倒推出销售单价变化。

（3）计算单价并根据需求将个位改为"9"。

任务8　本量利分析

一、保本分析

业务描述： 根据资源4，完成保本分析。以完整小数位引用计算，销售量四舍五入保留整数，并以此结果进行后续计算。带"％"的项目四舍五入保留"％"前2位小数，如3.24％。其余结果四舍五入保留2位小数。本量利分析——保本分析如表3-25所示。

表3-25

本量利分析——保本分析　　　　　　　金额单位：元

项目名称	勾线A	序号7	合计
本期销售量：			
第5档			
第4档			
第3档			
第2档			
第1档			
销售收入合计			
宣传费合计			

(续表)

项目名称	勾线 A	序号 7	合计
单位变动成本			
研发费用			
保本销售量:			
第 5 档			
第 4 档			
第 3 档			
第 2 档			
第 1 档			
营业利润			

解题分析:

(1) 固定费用按照第 5 档销售收入进行分配,分配率保留至百分号前整数进行计算。

(2) 计算保本销售量时,先根据销售量的比例(从 5 档至 1 档比例为 2∶4∶4∶5∶7)计算出加权平均单价,代入公式"加权平均销售量＝固定费用×(单价－单位变动成本)"。然后,根据比例计算各档次的销售量。

(3) 销售量四舍五入保留整数,并以此结果进行后续计算。

二、保利分析

业务描述: 根据岗位资源 4 及已完成任务,完成保利分析。以完整小数位数引用计算,销售量四舍五入保留整数,并进行后续计算。带"％"的项目四舍五入保留"％"前 2 位小数,如 3.24％。其余计算结果四舍五入保留 2 位小数。本量利分析—保利分析如表 3-26 所示。

表 3-26

本量利分析—保利分析

金额单位:元

项目名称	勾线 A	序号 7	合计
保利销售量:			
第 5 档			
第 4 档			
第 3 档			
第 2 档			
第 1 档			
单位变动成本			
变动成本合计			
研发费用合计			

(续表)

项目名称	勾线A	序号7	合计
各档销售收入：			
第5档			
第4档			
第3档			
第2档			
第1档			
销售收入合计			
营业利润			

解题分析：

(1) 固定成本分配按照"一、保本分析"比例进行计算。

(2) 计算保利销售量时，我们先根据销售量的从5档至1档比例为2∶4∶4∶5∶7，按比例计算出加权平均单价后，代入公式"加权平均销售量＝(固定费用＋目标利润)÷(单价－单位变动成本)"。然后，根据比例计算各档次的销售量。

(3) 销售量四舍五入保留整数，并以此结果进行后续计算。

任务9　敏感性分析

业务描述： 根据资源4及已完成相关任务结果，完成敏感性分析。以完整小数位引用计算，销售量四舍五入保留整数，并以此结果进行后续计算。带"％"的项目四舍五入保留"％"前2位小数，如3.24％。其余结果四舍五入保留2位小数。敏感性分析—勾线A如表3-27所示。

表3-27

敏感性分析—勾线A　　　　　　　　　　金额单位：元

项目名称	基准数据	单位变动成本增加10％	研发投入减少10％	各档位单价减少10％
销售量：				
第5档				
第4档				
第3档				
第2档				
第1档				
销售收入合计				
单位变动成本				
变动成本合计				
边际贡献率				

(续表)

项目名称	基准数据	单位变动成本增加10%	研发投入减少10%	各档位单价减少10%
研发费用合计				
营业利润				
敏感系数				

解题分析：根据表3-27的要求，在基准数据的基础上增加或减少10%，然后代入数据计算，并最终计算出敏感系数。

任务10　信用政策分析

业务描述：根据资源5，完成信用政策分析。以完整小数位引用计算，结果四舍五入保留2位小数。新信用政策是否可行填写"是"或"否"。信用政策分析如表3-28所示。

表3-28

信用政策分析　　　　　　　　　　　　金额单位：元

项目	旧政策	新政策	变动（新政策－旧政策）
销量（台）			
销售额			
变动成本			
边际贡献总额			
现金折扣			
平均收账天数（天）			
应收账款占用资金的应计利息			
收账费用			
存货余额			
存货占用资金应计利息			
税前损益			
新信用政策是否可行（是/否）			

解题分析：

（1）应收账款占用资金的应计利息＝赊销额÷360×平均收现期×变动成本率×资本成本。

（2）存货占用资金应计利息＝存货平均余额×资本成本＝变动成本÷年平均存货周转次数×资本成本。

（3）税前损益＝边际贡献总额－现金折扣－应收账款占用资金的应计利息－收账费用－存货占用资金应计利息。

（4）计算完后，比较新旧政策的税前损益大小来推断新信用政策是否可行。

岗位四

绩效管理岗位

实训目标

- 熟悉绩效管理的原则和应用程序
- 掌握关键绩效指标法的计算和应用
- 掌握平衡计分卡的原理和应用
- 掌握综合业绩报告、经营分析报告的编制
- 掌握管理用报表分析
- 了解部分评分原则
- 坚持公平、和谐和公正的价值理念

实训内容

- 单位客户综合评价指标计算
- 安全检查百分表
- 平衡计分卡分析
- 总经理业绩评价表
- 管理用资产负债表
- 管理用利润表
- 母公司经济增加值计算表
- 权益净利率因素分解表
- 经营情况分析表
- 资产负债表财务分析

资源 1 平衡计分卡案例资源

一、财务维度

从财务维度进行评价是指从财务指标角度对公司经营情况进行分析。财务维度评价指标统计表如表 4-1 所示。

表 4-1

财务维度评价指标统计表

指标名称	权重	极性
营业收入增长率	25.00%	正
营业毛利率	20.00%	正
销售费用率	7.00%	负
息税前利润	3.00%	正
净利润增长率	10.00%	正
流动比率	5.00%	正
净资产收益率	15.00%	正
资产负债率	5.00%	负
应收账款周转率	10.00%	正

注:指标极性为正,表示指标越大越有利于公司健康发展;极性为负,表示指标越大越不利于公司健康发展,下同。

二、客户维度

从客户维度评价是指从客户角度对公司业务运营情况进行分析。

(一)客户维度指标体系

客户维度评价指标统计表如表 4-2 所示。

表 4-2

客户维度评价指标统计表

指标名称	权重	极性
激活率	15.00%	正
留存率	30.00%	正
用户消费	22.00%	正
单位客户综合评价	20.00%	正
大客户数量	10.00%	正
大客户毛利率	20.00%	正

（二）各指标具体说明

1. 激活率

激活率是指下载游戏应用后，真正打开并使用游戏的用户比例。激活率不涉及用户以前对游戏应用的了解或感兴趣程度，仅考虑在某一时间段内新下载的用户中有多少用户真正使用了游戏应用。

据后台数据分析，2024年安装游戏用户数量为100 000人，实际激活总人数为96 580人。

2. 留存率

计算留存率是为了更全面地了解游戏的用户黏性，它能够反映游戏的用户留存的稳定性和长期性。留存率可以帮助游戏公司了解用户在游戏中的参与度和对游戏的持续兴趣，以及游戏的长期发展趋势，同时可以指导市场营销和运营策略的制定和调整。相关留存率数据如表4-3所示。

表 4-3

相关留存率数据

项目	数量（人）
第2天登录人数	86 922
第7天登录人数	82 093
第30天登录人数	72 435

3. 单位客户综合评价

单位客户综合评价是指单位客户从产品性能与价格、促销与推广、产品交付和服务4个维度出发，对公司的产品及服务进行综合评价。该指标占客户维度整体的权重为45%。

单位客户综合评价结果根据单位客户的反馈评分计算得出。公司于每年年末向单位客户寄送客户评价反馈表，根据单位客户的评分结果计算客户综合评价得分。客户评价反馈表如表4-4所示。

表 4-4

客户评价反馈表

评价维度	调查内容	计分规则
产品性能与价格	游戏类型多样性(20%)	去掉一个最高分和一个最低分，再计算算术平均数
	游戏品质(45%)	计算算术平均数
	BUG数量(10%)	去掉一个最高分和一个最低分，再计算算术平均数
	与同行业产品价格比较(15%)	见下述计算规则
	游戏更新次数(10%)	计算算术平均数
促销与推广	广告宣传内容与产品一致(35%)	去掉一个最高分和一个最低分，再计算算术平均数
	广告宣传方式(35%)	计算算术平均数
	促销政策(30%)	计算算术平均数

(续表)

评价维度		调查内容	计分规则
产品交付		充值到账时间(30%)	计算算术平均数
		交付产品质量(45%)	计算算术平均数
		产品数量的正确性(25%)	计算算术平均数
服务	售前服务(50%)	销售人员服务态度(15%)	去掉一个最高分和一个最低分,再计算算术平均数
		销售人员专业水平(15%)	取算术平均数
		销售人员责任心(10%)	去掉一个最高分和一个最低分,再计算算术平均数
		解决问题回复及时率(10%)	计算算术平均数
	售后服务(50%)	售后服务流程(25%)	去掉一个最高分和一个最低分,再计算算术平均数
		维修质量(15%)	计算算术平均数
		维修人员服务态度(10%)	去掉一个最高分和一个最低分,再计算算术平均数

注:计算得分时使用有效评分计算。

与同行业产品价格比较客户综合评价得分的计算规则如下:

第一步,计算单产品的加权平均得分。

去掉一个最高分和一个最低分,再计算算术平均数,其算术平均数为单产品的加权平均得分。

第二步,计算公司全部产品的综合加权平均得分。其计算公式如下:

$$公司全部产品综合加权得分 = \sum (单产品加权得分 \times 相关比重)$$

新锐公司从2024年收到的客户评价反馈表中选取了10份有代表性的评分表,并以此为基础计算客户综合评价得分。具体评分汇总表见"附录二"中"附表1"。

(三)客户维度评价相关数据

客户维度评价相关数据如表4-5所示。

表4-5

客户维度评价相关数据

项目	2024年预计	2024年实际	2023年实际
大客户数量(个)	9.00	10.00	8.00
大客户收入(元)	4 600 000.00	4 500 000.00	3 940 000.00
大客户毛利(元)	1 380 000.00	1 350 000.00	1 182 000.00

三、内部流程维度

从内部流程维度评价是指从公司内部管理流程角度对公司业绩进行评价。游戏内部策划相关指标如表4-6所示。

表 4-6

游戏内部策划相关指标

评价指标	权重	极性
研发策划通过率	20.00%	正
研发计划完成率	20.00%	正
网络维护次数	15.00%	负
及时上线率	5.00%	正
存货周转率	5.00%	正
总资产周转率	15.00%	正
应付账款周转率	10.00%	负
安全检查平均得分	10.00%	正

注：安全检查平均得分根据资源1和资源2,以及任务1和任务2的结果填列。

四、学习与成长维度

从学习与成长维度评价是指从公司内部人力资源角度对公司业绩进行评价。

（一）人均创效及员工成长相关指标

人均创效及员工成长相关指标如表4-7所示。

表 4-7

人均创效及员工成长相关指标

评价指标	权重	极性
员工增加率	22.00%	正
员工流失率	18.00%	负
招聘完成率	15.00%	正
培训计划完成次数	20.00%	正
高学历员工占比	25.00%	正

（二）公司员工构成数据

公司员工构成数据如表4-8所示。

表 4-8

公司员工构成数据　　　　　　　　　　　　　　单位：人

项目		实际统计			预算情况		
		2024年	2023年	2022年	2024年	2023年	2022年
员工人数	员工人数	450	446	429	441	437	423
	当期入职员工人数	24	32	22	22	29	24
	当期离职员工人数	20	15	18	18	15	15

(续表)

项目		实际统计			预算情况		
		2024 年	2023 年	2022 年	2024 年	2023 年	2022 年
学历教育	研究生及以上	46	40	38	45	42	36
	大专/本科学历	95	86	86	91	81	85
	其他	309	320	305	305	314	302

注:以上人数均指各明细项目平均人数。

五、完成度及得分计算规则

1. 完成度计算

（1）极性为正的指标:指标完成度＝实际值÷目标值×100％。

（2）极性为负的指标:指标完成度＝（2－实际值÷目标值）×100％。

2. 完成度对应分数

完成度对应分数如下:

完成度≥99％,100 分。

99％>完成度≥90％,90 分。

90％>完成度≥80％,80 分。

80％>完成度≥70％,60 分。

70％>完成度≥60％,50 分。

完成度<60％,0 分。

3. 特殊说明

如果目标值出现负数,则:①若完成情况比预计情况好,完成度按 100％ 计。②若完成情况比预计情况差,完成度按 0 计。

资源 2 安全检查情况

为加强公司的安全管理,防范风险,保障人员安全,公司定期对公司的安全保障设备进行检查,对检查中发现的问题实行扣分制（扣分标准详见表 4-9）,完成表 4-11,在 2024 年对公司进行安全检查时现场记录如下:

（1）安全疏散通道堆放物品。

（2）有部分私拉电线的情况。

（3）电梯在 2024 年 8 月的检测情况未登记。

（4）室内的通风口处灰尘较多,通风效果较差。

除了以上问题,未发现其他问题。

安全检查百分表评分细则如表 4-9 所示。

表 4-9

安全检查百分表评分细则

项目	检查项目	分值
一、消防安全方面(25%)	消防安全组织机构健全情况	12
	消防安全管理制度完善情况	11
	火灾应急预案制定及演练情况	10
	安全疏散通道畅通情况宽度是否达到要求,不能堆放物品	10
	疏散指示和安全出口标志安装情况	13
	应急照明装置完好情况	11
	灭火器配置情况	16
	灭火器的有效情况	17
	小计	100
二、用电安全方面(25%)	保险丝使用情况	25
	电器设备的使用情况	25
	是否存在私拉乱接电线的情况、电气线路敷设是否规范	25
	开关箱内情况	25
	小计	100
三、特种设备方面(氧气瓶电梯等)(20%)	设备管理使用人员落实情况	12
	设备管理规章制度建立和上墙明示情况	15
	设备注册登记情况	14
	设备按时检验检测情况	13
	特种设备作业人员持证上岗(证件是否有效)情况	13
	设备日常维护保养情况	15
	事故应急措施救援预案和演练情况	18
	小计	100
四、燃气安全方面(天然气液化气)(20%)	使用燃气的场所通风情况	35
	燃气使用制度上墙情况	25
	燃气设备保养情况	40
	小计	100
五、防雷方面(10%)	定期检测维护防雷装置情况	100
	小计	100
总分		100

资源3 管理用财务报表及经济增加值案例资源

为了提高内部管理水平,新锐公司计划使用管理用财务报表进行企业经营分析。

经营资产是指销售商品或提供劳务所涉及的资产,金融资产是利用经营活动多余资金进行投资所涉及的资产。经营负债是指销售商品或提供劳务所涉及的负债,金融负债是筹资活动所涉及的负债。管理用财务报表分为管理用资产负债表和管理用利润表。

将公司 2022—2024 年财务报表调整为管理用财务报表,主要有以下调整事项。

一、管理用资产负债表

2022 年年末的货币资金中金融资产金额占比为 15%,2023 年年末的货币资金中金融资产的金额为 2024 年年初金额的 25%,2024 年年末货币资金中金融资产的金额为 2023 年年末金额的 20%。

公司其他流动资产、其他非流动资产属于经营资产,其他流动负债和 1 年内到期的非流动负债属于金融负债。

二、管理用利润表

(1) 财务报表利润表中的利息费用和利息收入属于金融损益,管理用利润表中的利息费用为财务报表利润表中利息费用减去利息收入的净额。

(2) 2024 年利润表中的投资收益为长期股权投资确认的。

(3) 2023 年利润表中的投资收益的 30% 为长期股权投资确认的,其余均为交易性金融资产确认。

(4) 平均企业所得税税率按照当年实际企业所得税税率计算。

三、经济增加值

母公司采用简化的经济增加值相关规定分析经济增加值。经济增加值是指经核定的企业税后净营业利润减去资本成本后的余额。

1. 计算公式

$$经济增加值 = 税后净营业利润 - 调整后资本 \times 平均资本成本率$$

$$税后净营业利润 = 净利润 + (利息支出 + 研究开发费用调整项) \times (1 - 企业所得税税率)$$

$$调整后资本 = 平均所有者权益 + 平均带息负债 - 平均在建工程$$

2. 计算说明

(1) 需要调整的项目包括利息支出和研发费用,利息支出为利润表中的利息费用,利润表中的研发费用符合研究开发费用调整项目的规定。

(2) 平均企业所得税税率按照公司当年的实际企业所得税税率计算。

(3) 平均资本成本率按 9% 计算。

(4) 除了以上说明,不考虑其他因素影响。

 岗位任务

任务1　单位客户综合评价指标计算

业务描述： 根据资源1及"附录二"中的"附表1"，完成单位客户综合评价指标计算表和客户综合评价加权得分表。以完整小数位引用计算，结果四舍五入保留2位小数。单位客户综合评价指标计算表如表4-10所示，客户综合评价加权得分表如表4-11所示。

表4-10

单位客户综合评价指标计算表

评价项目			权重	实际得分
产品性能与价格		游戏类型多样性	20.00%	18.95
		游戏品质	45.00%	42.35
		BUG数量	10.00%	9.48
		与同行业产品价格比较	15.00%	14.38
		游戏更新次数	10.00%	9.55
促销与推广		广告宣传内容与产品一致	35.00%	32.59
		广告宣传方式	35.00%	33.22
		促销政策	30.00%	27.67
产品交付		充值到账时间	30.00%	
		交付产品质量	45.00%	
		产品数量的正确性	25.00%	
服务	售前服务(50%)	销售人员服务态度	15.00%	13.97
		销售人员专业水平	15.00%	13.97
		销售人员责任心	10.00%	9.44
		解决问题回复及时率	10.00%	9.41
	售后服务(50%)	售后服务流程	25.00%	22.84
		维修品的修复质量	15.00%	14.18
		维修工程师服务态度	10.00%	9.23

表4-11

客户综合评价加权得分表

维度	权重	得分
产品性能与价格	20.00%	
促销与推广	25.00%	

(续表)

维度	权重	得分
产品交付	25.00%	
服务	30.00%	
加权综合得分		

解题分析：

（1）计算评分时可以化繁为简，按照岗位资源中的评分条件一步步去做，避免失误。

（2）需注意表 4-10 内填写的是"实际得分"，在对应得分计算完后，还需对数据进行调整，将其乘以权重。

任务 2　安全检查百分表

业务描述： 根据资源 2，完成安全检查百分表。以完整小数位引用计算，结果四舍五入保留 2 位小数。安全检查百分表如表 4-12 所示。

表 4-12

安全检查百分表

项目	检查项目	分值
一、消防安全方面 （25%）	消防安全组织机构健全情况	
	消防安全管理制度完善情况	
	火灾应急预案制定及演练情况	
	安全疏散通道畅通情况宽度是否达到要求，不能堆放物品	
	疏散指示和安全出口标志安装情况	
	应急照明装置完好情况	
	灭火器配置情况	
	灭火器的有效情况	
	小计	
二、用电安全方面 （25%）	保险丝使用情况	
	电器设备的使用情况	
	是否存在私拉乱接电线的情况、电气线路敷设是否规范	
	开关箱内情况	
	小计	
三、特种设备方面 （氧气瓶电梯等）（20%）	设备管理使用人员落实情况	
	设备管理规章制度建立和上墙明示情况	
	设备注册登记情况	
	设备按时检验检测情况	

(续表)

项目	检查项目	分值
三、特种设备方面（氧气瓶电梯等）(20%)	特种设备作业人员持证上岗(证件是否有效)情况	
	设备日常维护保养情况	
	事故应急措施救援预案和演练情况	
	小计	
四、燃气安全方面（天然气液化气）(20%)	使用燃气的场所通风情况	
	燃气使用制度上墙情况	
	燃气设备保养情况	
	小计	
五、防雷方面(10%)	定期检测维护防雷装置情况	
	小计	
总分		

解题分析：绩效评分表是绩效管理的一个考点，考验学生对实际发生事件的判断。做题时，我们要根据生活经验及所学的知识进行判断，按照所列事项对照安全检查百分表评分细则进行评分。要注意一个事项可能涉及多个评分标准，可能造成多项扣分。

任务3　平衡计分卡分析

业务描述：根据资源1及已完成相关任务结果，完成2024年平衡计分卡分析。以完整小数位引用计算，大客户数量四舍五入保留整数，带"％"的项目四舍五入保留"％"前2位小数，如3.24％，其余结果四舍五入保留2位小数。2024年平衡计分卡分析如表4-13所示。

表4-13

2024年平衡计分卡分析

维度	指标名称	权重	目标值	实际值	完成度	得分	加权得分
财务维度	营业收入增长率	25.00%					
	营业毛利率	20.00%					
	销售费用率	7.00%					
	息税前利润(元)	3.00%					
	净利润增长率	10.00%					
	流动比率	5.00%					
	净资产收益率	15.00%					
	资产负债率	5.00%					
	应收账款周转率(次)	10.00%					

(续表)

维度	指标名称		权重	目标值	实际值	完成度	得分	加权得分
客户维度		激活率	15.00%	98.00%	96.58%			
	留存率	加权留存率	13.00%	85.00%	82.25%			
		次留(25%)	25.00%	—	90.00%	—		
		7日留存(35%)	35.00%	—	85.00%			
		30日留存(40%)	40.00%	—	75.00%	—		
	用户消费	付费率	5.00%	58%	68%			
		平均付费用户收入(元)	12.00%	375.00	380.00			
		平均用户收入(元)	5.00%	213.00	252.00			
	单位客户综合评价		20.00%	96.00				
	大客户数量		10.00%					
	大客户毛利率		20.00%					
内部流程维度	研发策划通过率		20.00%	58.00%	72.00%			
	研发计划完成率		20.00%	85.00%	82.00%			
	网络维护次数(次)		15.00%	5.00	7.00			
	及时上线率		5.00%	98.00%	98.00%			
	存货周转率		5.00%					
	总资产周转率		15.00%					
	应付账款周转率		10.00%					
	安全检查平均得分(分)		10.00%	85.00				
学习与成长维度	员工增加率		22.00%					
	员工流失率		18.00%					
	招聘完成率		15.00%	98%	96.50%			
	培训计划完成次数(次)		20.00%	12.00	10.00			
	高学历员工占比		25.00%					

注：息税前利润用的利息费用使用财务费用进行相关计算。

解题分析： 表4-13需用到任务1和任务2的数据，对基础报表数据进行计算等操作，是绩效管理的一大难点。对于部分数据及公式要严格按照岗位资源中的要求进行计算。

任务4 总经理业绩评价表

业务描述： 根据资源1及已完成相关任务结果，完成总经理业绩评价表。以完整小数位引用计算，结果四舍五入保留2位小数，带"%"的项目四舍五入保留"%"前2位小数,如3.45%。总经理业绩评价表如表4-14所示,考核等级如表4-15所示。

表4-14

总经理业绩评价表

受约人职位	总经理	发约人职位	董事长	合同期限	3年
受约人姓名	张伟	发约人姓名	王芳	年薪	50万元(固定发放比例:65%)
序号	维度	权重	目标得分	实际得分	加权得分
1	财务维度	35%	100		
2	客户维度	35%	100		
3	内部流程维度	15%	100		
4	学习与成长维度	15%	100		
其他加减分调整	无				
分数合计(分)					
年度收入(元)					
固定工资(元)					
奖金发放比例					
奖金(元)					
受约人签字:			—		
发约人签字:			—		

注:总经理年薪包括固定工资和奖金。

表4-15

考核等级

分数范围	考核等级	奖金发放比例
分数≥95	A	100%
90≤分数<95	B+	90%
80≤分数<90	B	70%
65≤分数<80	C	40%
分数<65	D	0

解题分析:

(1) 管理者薪资计算是绩效管理的一大重点,但计算时会极其依赖计分卡结果的准确度。

(2) 关键公式提示:年度收入=固定工资+实际发放的奖金。计算时要注意先计算实际发放的奖金金额,奖金是依据公司平衡计分卡情况按比例发放,并非百分百全额发放。

任务 5　管理用资产负债表

业务描述：根据资源 3 及"附录三"，完成管理用资产负债表（简表）。以完整小数位引用计算，结果四舍五入保留 2 位小数。管理用资产负债表（简表）如表 4-16 所示。

表 4-16

管理用资产负债表（简表）　　　　　　　　　　　　单位：元

项目	2022年年末	2023年年末	2024年年末	项目	2022年年末	2023年年末	2024年年末
经营性流动资产				金融负债			
经营性流动负债				金融资产			
经营营运资本				净负债			
经营性长期资产				所有者权益合计			
经营性长期负债				—	—	—	—
净经营性长期资产				—	—	—	—
净经营资产总计				净负债及股东权益总计			

解题分析：管理用报表公式是一大难点。在实务中，需对资产、负债进行金融性与经营性的区分，有利于加强企业业绩评价的客观性与准确性。我们在区分金融性与经营性时，可以按照产生资产、负债的目的进行区分，判断其目的是经营，还是其他原因。

任务 6　管理用利润表

业务描述：根据资源 3 及"附录三"，完成管理用利润表。以完整小数位引用计算，结果四舍五入保留 2 位小数，带"％"的项目四舍五入保留"％"前 2 位小数，如 3.24％。管理用利润表如表 4-17 所示。

表 4-17

管理用利润表　　　　　　　　　　　　单位：元

项目	2024年	2023年	2022年
经营损益：			
一、营业收入			
减：营业成本			

(续表)

项目	2024年	2023年	2022年
二、毛利			
减：税金及附加			
销售费用			
管理费用			
研发费用			
财务费用（经营）			
信用减值损失（经营）			
资产减值损失（经营）			
加：其他收益			
资产处置收益			
投资收益			
加：营业外收入			
减：营业外支出			
三、税前经营利润			
减：经营利润所得税			
四、税后经营净利润			
金融损益：			
五、利息费用			
减：利息费用抵税			
投资收益			
减：投资收益抵税			
六、税后利息费用			
七、净利润			
附注：平均所得税税率			

解题分析： 管理用利润表是将基础报表中的利润表中的数据进行经营性与金融性的区分，再重新排列。与管理用资产负债表一致，仍需按照学习与生活经验进行判断后进行填写。

任务7　母公司经济增加值计算表

业务描述： 根据资源3及"附录三"，完成母公司经济增加值计算表。以完整小数位引用计算，结果四舍五入保留2位小数。母公司经济增加值计算表如表 4-18 所示。

表 4-18

母公司经济增加值计算表

金额单位:元

项目	2024 年	2023 年
净利润		
利息支出		
研究开发费用调整项		
税后净营业利润		
调整后资本		
平均资本成本率	9.00%	9.00%
经济增加值		

解题分析: 管理用的经济增加值的计算是管理用分析的延伸,计算公式与传统的经济增加值有着极大的不同,按照岗位资源中的公式进行分列计算较为保险。

任务 8　权益净利率因素分解表

业务描述: 根据已完成相关任务结果及"附录三",完成权益净利率因素分解表。以完整小数位引用计算,结果四舍五入保留 2 位小数,带"%"的项目四舍五入保留"%"前 2 位小数,如 3.45%。权益净利率因素分解表如表 4-19 所示。

表 4-19

权益净利率因素分解表

因素分析	指标名称	2023 年	2024 年	第一因素替代	第二因素替代	第三因素替代	第四因素替代	对权益净利率影响大小排序
分析对象	权益净利率							
第一因素	税后经营净利率							
第二因素	净经营资产周转天数(天)							
第三因素	税后利息率							
第四因素	经营财务杠杆							
因素对净资产收益率变化产生的影响								

解题分析:

(1) 净资产收益率＝营业净利率×总资产周转率×权益乘数。

(2) 注意单位要分开调整,部分数据保留 2 位小数,部分数据为百分比形式。

(3) 需注意连环替代的替代顺序与计算公式。

(4) 影响以绝对值进行比较;在计算完一切后要记得对影响因素进行排序。

任务 9　经营情况分析表

业务描述: 根据表 4-20 中的数据及已完成相关任务结果,完成经营效率分析表。以完整小数位引用计算,投资报酬率四舍五入保留"％"前 2 位小数,如 3.15％。其余结果四舍五入保留 2 位小数。经营情况分析表如表 4-20 所示。

表 4-20

经营情况分析表　　　　　　　　　金额单位:元

项目	PC 端网络游戏	移动网络游戏	主机游戏
部门资产	20 000 000.00	28 000 000.00	36 000 000.00
业务量	60 000.00	56 000.00	65 000.00
部门收入	24 000 000.00	20 000 000.00	30 000 000.00
部门变动成本	12 000 000.00	11 200 000.00	13 000 000.00
部门边际贡献			
部门可控固定成本	4 000 000.00	5 400 000.00	6 500 000.00
部门可控边际贡献			
部门不可控固定成本	2 000 000.00	2 800 000.00	3 600 000.00
部门息税前利润			
部门投资报酬率			
部门剩余收益(要求报酬率 10％)			

解题分析:

(1) 部门边际贡献＝部门收入－部门变动成本。

(2) 部门可控边际贡献＝部门边际贡献－部门可控固定成本。

(3) 部门息税前利润＝部门可控边际贡献－部门不可控固定成本。

(4) 息税前利润＝销售收入－变动成本－固定成本。

任务 10　资产负债表财务分析

任务描述: 根据公共报表,完成资产负债表财务分析。以完整小数位引用计算,结果四舍五入保留 2 位小数,带"％"的项目四舍五入保留"％"前 2 位小数,如 3.45％。资产负债表财务分析如表 4-21 所示。

表 4-21

资产负债表财务分析　　　　　　　　　　金额单位:元

项　目	2024 年	2023 年	2022 年	2024 年环比增长率	2023 年环比增长率	年均复合增长率
流动资产:						
货币资金	4 307 608.30	5 503 985.90	6 706 565.00			
存货	15 624 099.00	12 180 617.00	10 560 198.00			
流动资产合计	23 531 707.30	23 684 602.90	17 266 763.00			
非流动资产:						
长期应收款	4 090 980.00	8 726 740.00	8 675 670.00			
长期股权投资	26 139 520.00	27 524 250.00	25 346 560.00			
固定资产	1 009 454.00	1 490 276.00	1 308 490.00			
使用权资产	1 502 220.00	1 284 950.00	1 385 440.00			
无形资产	5 502 750.00	7 083 750.00	9 065 240.00			
长期待摊费用	2 487 252.00	2 079 475.00	1 854 422.00			
非流动资产合计	49 305 436.00	48 189 441.00	47 635 822.00			
资产总计	72 837 143.30	71 874 043.90	64 902 585.00			
流动负债:						
短期借款	3 505 840.00	6 283 560.00	7 877 791.00			
合同负债	1 520 000.00	1 360 000.00	954 000.00			
应付账款	867 200.00	795 860.00	685 250.00			
应付职工薪酬	889 886.00	830 000.00	690 000.00			
应交税费	1 103 186.30	1 999 599.90	1 181 665.00			
一年内到期的非流动负债	7 886 112.30	11 269 019.90	11 388 706.00			
流动负债合计	8 230 291.30	11 269 019.90	11 388 706.00			
非流动负债:						
长期借款	5 490 000.00	4 800 000.00	5 760 000.00			
长期应付款	13 720 291.30	16 069 019.90	17 148 706.00			
非流动负债合计	5 490 000.00	4 800 000.00	5 760 000.00			
负债总计	13 720 291.30	16 069 019.90	17 148 706.00			

（续表）

项 目	2024年	2023年	2022年	2024年环比增长率	2023年环比增长率	年均复合增长率
所有者权益（或股东权益）：						
资本公积	9 008 565.00	8 639 435.00	8 639 435.00			
盈余公积	4 780 948.00	3 229 599.00	2 551 644.00			
未分配利润	34 847 339.00	33 295 990.00	25 516 800.00			
所有者权益（或股东权益）合计	59 116 852.00	55 805 024.00	47 753 879.00			
负债及所有者权益（或股东权益）总计	72 837 143.30	71 874 043.90	64 902 585.00			

附录一

资金时间价值系数

附表1

复利终值系数表

期数	1%	2%	3%	4%	5%	6%	7%	8%	9%	10%
1	1.010 0	1.020 0	1.030 0	1.040 0	1.050 0	1.060 0	1.070 0	1.080 0	1.090 0	1.100 0
2	1.020 1	1.040 4	1.060 9	1.081 6	1.102 5	1.123 6	1.144 9	1.166 4	1.188 1	1.210 0
3	1.030 3	1.061 2	1.092 7	1.124 9	1.157 6	1.191 0	1.225 0	1.259 7	1.295 0	1.331 0
4	1.040 6	1.082 4	1.125 5	1.169 9	1.215 5	1.262 5	1.310 8	1.360 5	1.411 6	1.464 1
5	1.051 0	1.104 1	1.159 3	1.216 7	1.276 3	1.338 2	1.402 6	1.469 3	1.538 6	1.610 5
6	1.061 5	1.126 2	1.194 1	1.265 3	1.340 1	1.418 5	1.500 7	1.586 9	1.677 1	1.771 6
7	1.072 1	1.148 7	1.229 9	1.315 9	1.407 1	1.503 6	1.605 8	1.713 8	1.828 0	1.948 7
8	1.082 9	1.171 7	1.266 8	1.368 6	1.477 5	1.593 8	1.718 2	1.850 9	1.992 6	2.143 6
9	1.093 7	1.195 1	1.304 8	1.423 3	1.551 3	1.689 5	1.838 5	1.999 0	2.171 9	2.357 9
10	1.104 6	1.219 0	1.343 9	1.480 2	1.628 9	1.790 8	1.967 2	2.158 9	2.367 4	2.593 7
11	1.115 7	1.243 4	1.384 2	1.539 5	1.710 3	1.898 3	2.104 9	2.331 6	2.580 4	2.853 1
12	1.126 8	1.268 2	1.425 8	1.601 0	1.795 9	2.012 2	2.252 2	2.518 2	2.812 7	3.138 4
13	1.138 1	1.293 6	1.468 5	1.665 1	1.885 6	2.132 9	2.409 8	2.719 6	3.065 8	3.452 3
14	1.149 5	1.319 5	1.512 6	1.731 7	1.979 9	2.260 9	2.578 5	2.937 2	3.341 7	3.797 5
15	1.161 0	1.345 9	1.558 0	1.800 9	2.078 9	2.396 6	2.759 0	3.172 2	3.642 5	4.177 2

附表2

复利现值系数表

期数	1%	2%	3%	4%	5%	6%	7%	8%	9%	10%
1	0.990 1	0.980 4	0.970 9	0.961 5	0.952 4	0.943 4	0.934 6	0.925 9	0.917 4	0.909 1
2	0.980 3	0.961 2	0.942 6	0.924 6	0.907 0	0.890 0	0.873 4	0.857 3	0.841 7	0.826 4
3	0.970 6	0.942 3	0.915 1	0.889 0	0.863 8	0.839 6	0.816 3	0.793 8	0.772 2	0.751 3
4	0.961 0	0.923 8	0.888 5	0.854 8	0.822 7	0.792 1	0.762 9	0.735 0	0.708 4	0.683 0
5	0.951 5	0.905 7	0.862 6	0.821 9	0.783 5	0.747 3	0.713 0	0.680 6	0.649 9	0.620 9
6	0.942 0	0.888 0	0.837 5	0.790 3	0.746 2	0.705 0	0.666 3	0.630 2	0.596 3	0.564 5
7	0.932 7	0.870 6	0.813 1	0.759 9	0.710 7	0.665 1	0.622 7	0.583 5	0.547 0	0.513 2
8	0.923 5	0.853 5	0.789 4	0.730 7	0.676 8	0.627 4	0.582 0	0.540 3	0.501 9	0.466 5
9	0.914 3	0.836 8	0.766 4	0.702 6	0.644 6	0.591 9	0.543 9	0.500 2	0.460 4	0.424 1
10	0.905 3	0.820 3	0.744 1	0.675 6	0.613 9	0.558 4	0.508 3	0.463 2	0.422 4	0.385 5
11	0.896 3	0.804 3	0.722 4	0.649 6	0.584 7	0.526 8	0.475 1	0.428 9	0.387 5	0.350 5
12	0.887 4	0.788 5	0.701 4	0.624 6	0.556 8	0.497 0	0.444 0	0.397 1	0.355 5	0.318 6
13	0.878 7	0.773 0	0.681 0	0.600 6	0.530 3	0.468 8	0.415 0	0.367 7	0.326 2	0.289 7
14	0.870 0	0.757 9	0.661 1	0.577 5	0.505 1	0.442 3	0.387 8	0.340 5	0.299 2	0.263 3
15	0.861 3	0.743 0	0.641 9	0.555 3	0.481 0	0.417 3	0.362 4	0.315 2	0.274 5	0.239 4

附表 3

年金终值系数表

期数	1%	2%	3%	4%	5%	6%	7%	8%	9%	10%
1	1.000 0	1.000 0	1.000 0	1.000 0	1.000 0	1.000 0	1.000 0	1.000 0	1.000 0	1.000 0
2	2.010 0	2.020 0	2.030 0	2.040 0	2.050 0	2.060 0	2.070 0	2.080 0	2.090 0	2.100 0
3	3.030 1	3.060 4	3.090 9	3.121 6	3.152 5	3.183 6	3.214 9	3.246 4	3.278 1	3.310 0
4	4.060 4	4.121 6	4.183 6	4.246 5	4.310 1	4.374 6	4.439 9	4.506 1	4.573 1	4.641 0
5	5.101 0	5.204 0	5.309 1	5.416 3	5.525 6	5.637 1	5.750 7	5.866 6	5.984 7	6.105 1
6	6.152 0	6.308 1	6.468 4	6.633 0	6.801 9	6.975 3	7.153 3	7.335 9	7.523 3	7.715 6
7	7.213 5	7.434 3	7.662 5	7.898 3	8.142 0	8.393 8	8.654 0	8.922 8	9.200 4	9.487 2
8	8.285 7	8.583 0	8.892 3	9.214 2	9.549 1	9.897 5	10.260 0	10.637 0	11.029 0	11.436 0
9	9.368 5	9.754 6	10.159 0	10.583 0	11.027 0	11.491 0	11.978 0	12.488 0	13.021 0	13.580 0
10	10.462 0	10.950 0	11.464 0	12.006 0	12.578 0	13.181 0	13.816 0	14.487 0	15.193 0	15.937 0
11	11.567 0	12.169 0	12.808 0	13.486 0	14.207 0	14.972 0	15.784 0	16.646 0	17.560 0	18.531 0
12	12.683 0	13.412 0	14.192 0	15.026 0	15.917 0	16.870 0	17.889 0	18.977 0	20.141 0	21.384 0
13	13.809 0	14.680 0	15.618 0	16.627 0	17.713 0	18.882 0	20.141 0	21.495 0	22.953 0	24.523 0
14	14.947 0	15.974 0	17.086 0	18.292 0	19.599 0	21.015 0	22.551 0	24.215 0	26.019 0	27.975 0
15	16.097 0	17.293 0	18.599 0	20.024 0	21.579 0	23.276 0	25.129 0	27.152 0	29.361 0	31.773 0

附表 4

年金现值系数表

期数	1%	2%	3%	4%	5%	6%	7%	8%	9%	10%
1	0.990 1	0.980 4	0.970 9	0.961 5	0.952 4	0.943 4	0.934 6	0.925 9	0.917 4	0.909 1
2	1.970 4	1.941 6	1.913 5	1.886 1	1.859 4	1.833 4	1.808 0	1.783 3	1.759 1	1.735 5
3	2.941 0	2.883 9	2.828 6	2.775 1	2.723 2	2.673 0	2.624 3	2.577 1	2.531 3	2.486 9
4	3.902 0	3.807 7	3.717 1	3.629 9	3.546 0	3.465 1	3.387 2	3.312 1	3.239 7	3.169 9
5	4.853 4	4.713 5	4.579 7	4.451 8	4.329 5	4.212 4	4.100 2	3.992 7	3.889 7	3.790 8
6	5.795 5	5.601 4	5.417 2	5.242 1	5.075 7	4.917 3	4.766 5	4.622 9	4.485 9	4.355 3
7	6.728 2	6.472 0	6.230 3	6.002 1	5.786 4	5.582 4	5.389 3	5.206 4	5.033 0	4.868 4
8	7.651 7	7.325 5	7.019 7	6.732 7	6.463 2	6.209 8	5.971 3	5.746 6	5.534 8	5.334 9
9	8.566 0	8.162 2	7.786 1	7.435 3	7.107 8	6.801 7	6.515 2	6.246 9	5.995 2	5.759 0
10	9.471 3	8.982 6	8.530 2	8.110 9	7.721 7	7.360 1	7.023 6	6.710 1	6.417 7	6.144 6
11	10.367 6	9.786 8	9.252 6	8.760 5	8.306 4	7.886 9	7.498 7	7.139 0	6.805 2	6.495 1
12	11.255 1	10.575 3	9.954 0	9.385 1	8.863 3	8.383 8	7.942 7	7.536 1	7.160 7	6.813 7
13	12.133 7	11.348 4	10.635 0	9.985 6	9.393 6	8.852 7	8.357 7	7.903 8	7.486 9	7.103 4
14	13.003 7	12.106 2	11.296 1	10.563 1	9.898 6	9.295 0	8.745 5	8.244 2	7.786 2	7.366 7
15	13.865 1	12.849 3	11.937 9	11.118 4	10.379 7	9.712 2	9.107 9	8.559 5	8.060 7	7.606 1

附录二

业务资源

附表 1

反馈客户打分表

评价角度	调查内容			客户一	客户二	客户三	客户四	客户五	客户六	客户七	客户八	客户九	客户十
产品性能与价格（20%）	游戏类型多样性			99	91	92	98	97	92	92	92	98	97
	游戏品质			96	88	99	96		99	93	91	89	96
	与同行业产品价格比较	PC端网络游戏	代号M(15%)		94	98	98		98	98		94	94
			寻迹Q(10%)		98	97	97	98	97		97	92	98
		移动网络游戏	勾线A(25%)	95	94		94	92		96	94	98	96
			序号7(10%)	94			97	96	94	94	95		97
		主机游戏	等红至蓝(20%)		96	97	99		96	96		93	95
			九加加(20%)		97	95	94	97	98		96	97	96
	BUG数量			99	93	92	97	97	92	92	92	98	97
	游戏更新次数			96	95		95	93		98	97	95	95
促销与推广（25%）	广告宣传内容与产品一致			88	96	98	88	92	97	99	91	95	87
	广告宣传方式			96	87	97	98	97	89	99	99	97	90
	促销政策			90	89		89	94	91	96	95	96	90
产品交付（25%）	充值到账时间			95	99	95	97	97	94	98	92	90	90
	交付产品质量			98	93	94	94	95	97	94	95	88	97
	产品数量的正确性			98	91	90	96	99	95	95	88	93	89
服务（30%）	1.售前服务												
	销售人员服务态度			87	96	97	99		97	91	91	92	88
	销售人员专业水平			91	89	96	96	93	98	93	92	90	88
	销售人员责任心			99	94	94		98	95	87	92	94	94
	解决问题回复及时率			98	99	98	93	95	97	98	88	98	92
	2.售后服务												
	售后服务流程			89	99	87	94	87	98	91	93	92	86
	维修品的修复质量			93	97	98	93		90	89	99	98	94
	维修工程师服务态度			95	92	99	87	92	90	89	98	90	

附表 2

平衡计分卡相关公式

指标	公式
激活率	激活用户数÷安装用户数×100%
次日留存率	(第1天新增用户在第2天登录过的人数)÷(第1天新增用户数)×100%
7日留存率	(第1天新增用户在第7天登录过的人数)÷(第1天新增用户数)×100%
30日留存率	(第1天新增用户在第30天登录过的人数)÷(第1天新增用户数)×100%

注:1个月按30天,1年按360天计算。

附录三

公共报表

附表 1

实际资产负债表 单位：元

资产	2024年年末	2023年年末	2022年年末	负债及所有者权益（或股东权益）	2024年年末	2023年年末	2022年年末
流动资产：				流动负债：			
货币资金	4 307 608.30	5 503 985.90	6 706 565.00	短期借款	3 505 840.00	6 283 560.00	7 877 791.00
以公允价值计量且其变动计入当期损益的金融资产		6 000 000.00		以公允价值计量且其变动计入当期损益的金融负债			
衍生金融资产				合同负债	1 520 000.00	1 360 000.00	954 000.00
应收票据				应付票据			
应收账款	3 600 000.00			应付账款	867 200.00	795 860.00	685 250.00
预付款项				预收款项			
其他应收款				应付职工薪酬	889 886.00	830 000.00	690 000.00
存货	15 624 099.00	12 180 617.00	10 560 198.00	应交税费	1 103 186.30	1 999 599.90	1 181 665.00
持有待售资产				其他应付款			
一年内到期的非流动资产				其中:应付利息	344 179.00		
其他流动资产				应付股利			
流动资产合计	23 531 707.30	23 684 602.90	17 266 763.00	持有待售负债			
非流动资产：				一年内到期的非流动负债	8 230 291.30	11 269 019.90	11 388 706.00
长期应收款	4 090 980.00	8 726 740.00	8 675 670.00	其他流动负债			
长期股权投资	26 139 520.00	27 524 250.00	25 346 560.00	流动负债合计	8 230 291.30	11 269 019.90	11 388 706.00
投资性房地产				非流动负债：			
固定资产	1 009 454.00	1 490 276.00	1 308 490.00	长期借款	5 490 000.00	4 800 000.00	5 760 000.00
在建工程				应付债券			
使用权资产	1 502 220.00	1 284 950.00	1 385 440.00	其中:优先股			
无形资产	5 502 750.00	7 083 750.00	9 065 240.00	永续债			
开发支出	8 573 260.00			长期应付款	13 720 291.30	16 069 019.90	17 148 706.00
商誉				预计负债			

（续表）

资产	2024年年末	2023年年末	2022年年末	负债及所有者权益(或股东权益)	2024年年末	2023年年末	2022年年末
长期待摊费用	2 487 252.00	2 079 475.00	1 854 422.00	递延收益			
递延所得税资产				递延所得税负债			
其他非流动资产				其他非流动负债			
非流动资产合计	49 305 436.00	48 189 441.00	47 635 822.00	非流动负债合计	5 490 000.00	4 800 000.00	5 760 000.00
				负债合计	13 720 291.30	16 069 019.90	17 148 706.00
				所有者权益(或股东权益):			
				实收资本(或股本)	10 480 000.00	10 640 000.00	11 046 000.00
				其他权益工具			
				其中:优先股			
				永续债			
				资本公积	9 008 565.00	8 639 435.00	8 639 435.00
				减:库存股			
				其他综合收益			
				专项储备			
				盈余公积	4 780 948.00	3 229 599.00	2 551 644.00
				未分配利润	34 847 339.00	33 295 990.00	25 516 800.00
				所有者权益(或股东权益)合计	59 116 852.00	55 805 024.00	47 753 879.00
资产总计	72 837 143.30	71 874 043.90	64 902 585.00	负债及所有者权益(或股东权益)总计	72 837 143.30	71 874 043.90	64 902 585.00

附表2

预计资产负债表

单位:元

资产	2024年年末	2023年年末	2022年年末	负债及所有者权益(或股东权益)	2024年年末	2023年年末	2022年年末
流动资产:				流动负债:			
货币资金	4 310 000.00	5 500 000.00	6 710 000.00	短期借款	3 510 000.00	6 280 000.00	7 880 000.00
以公允价值计量且其变动计入当期损益的金融资产		6 000 000.00		以公允价值计量且其变动计入当期损益的金融负债			

（续表）

资产	2024年年末	2023年年末	2022年年末	负债及所有者权益（或股东权益）	2024年年末	2023年年末	2022年年末
衍生金融资产				衍生金融负债			
应收票据				应付票据			
应收账款	3 600 000.00			应付账款	870 000.00	790 000.00	690 000.00
预付款项				预收款项			
其他应收款				应付职工薪酬	890 000.00	830 000.00	690 000.00
存货	15 630 000.00	12 180 000.00	10 570 000.00	应交税费	1 110 000.00	1 990 000.00	1 190 000.00
持有待售资产				其他应付款			
一年内到期的非流动资产				其中:应付利息	350 000.00		
其他流动资产				应付股利			
流动资产合计	23 540 000.00	23 680 000.00	17 280 000.00	持有待售负债			
非流动资产:				一年内到期的非流动负债			
长期应收款	4 100 000.00	8 720 000.00	8 680 000.00	其他流动负债			
长期股权投资	26 140 000.00	27 520 000.00	25 350 000.00	流动负债合计	6 730 000.00	9 890 000.00	10 450 000.00
投资性房地产				非流动负债			
固定资产	1 010 000.00	1 490 000.00	1 310 000.00	长期借款	5 490 000.00	4 800 000.00	5 760 000.00
在建工程				应付债券			
使用权资产	1 510 000.00	1 280 000.00	1 390 000.00	其中:优先股			
无形资产	5 510 000.00	7 080 000.00	9 070 000.00	永续债			
开发支出	8 580 000.00			长期应付款			
商誉				预计负债			
长期待摊费用	2 490 000.00	2 070 000.00	1 860 000.00	递延收益			
递延所得税资产				递延所得税负债			

(续表)

资产	2024 年年末	2023 年年末	2022 年年末	负债及所有者权益(或股东权益)	2024 年年末	2023 年年末	2022 年年末
其他非流动资产				其他非流动负债			
非流动资产合计	49 340 000.00	48 160 000.00	47 660 000.00	非流动负债合计	5 490 000.00	4 800 000.00	5 760 000.00
				负债合计	12 220 000.00	14 690 000.00	16 210 000.00
				所有者权益(或股东权益):			
				实收资本(或股本)	12 000 000.00	12 000 000.00	12 000 000.00
				其他权益工具			
				其中:优先股			
				永续债			
				资本公积	9 020 000.00	8 640 000.00	8 650 000.00
				减:库存股			
				其他综合收益			
				专项储备			
				盈余公积	4 790 000.00	3 220 000.00	2 560 000.00
				未分配利润	34 850 000.00	33 290 000.00	25 520 000.00
				所有者权益(或股东权益)合计	60 660 000.00	57 150 000.00	48 730 000.00
资产总计	72 880 000.00	71 840 000.00	64 940 000.00	负债及所有者权益(或股东权益)总计	72 880 000.00	71 840 000.00	64 940 000.00

附表 3

实际利润表

单位:元

项 目	2024 年	2023 年	2022 年
一、营业收入	18 000 000.00	15 760 000.00	13 570 000.00
减:营业成本	3 866 400.00	2 954 340.00	2 850 400.00
税金及附加	135 600.00	115 610.00	98 510.00
销售费用	6 766 500.00	5 954 100.00	4 386 520.00
管理费用	1 013 900.00	955 600.00	1 103 500.00
研发费用	897 200.00	659 850.00	556 750.00
财务费用	1 353 200.00	1 316 400.00	1 256 500.00

(续表)

项　目	2024 年	2023 年	2022 年
其中:利息费用	1 357 800.00	1 526 780.00	1 156 320.00
利息收入	1 125 780.00	1 325 480.00	986 410.00
加:其他收益			
投资收益	12 000.00	56 000.00	
其中:对联营企业和合营企业的投资收益			
公允价值变动收益			
资产减值损失			
资产处置收益			
二、营业利润	3 979 200.00	3 860 100.00	3 317 820.00
加:营业外收入			
减:营业外支出			
三、利润总额	3 979 200.00	3 860 100.00	3 317 820.00
减:所得税费用	994 800.00	965 411.01	830 782.13
四、净利润	2 984 400.00	2 894 688.99	2 487 037.87

附表 4

预计利润表

单位:元

项目	2024 年	2023 年	2022 年
一、营业收入	17 000 000.00	15 780 000.00	13 250 000.00
减:营业成本	3 860 000.00	2 950 000.00	2 850 000.00
税金及附加			
销售费用	6 760 000.00	5 950 000.00	4 380 000.00
管理费用	1 010 000.00	950 000.00	1 100 000.00
财务费用	1 350 000.00	1 310 000.00	1 250 000.00
其中:利息费用			
利息收入			
加:其他收益			
投资收益(损失以"—"号填列)			
其中:对联营企业和合营企业的投资收益			
公允价值变动收益(损失以"—"号填列)			
资产减值损失(损失以"—"号填列)			

（续表）

项目	2024 年	2023 年	2022 年
资产处置收益（损失以"－"号填列）			
二、营业利润（亏损以"－"号填列）	4 020 000.00	4 620 000.00	3 670 000.00
加：营业外收入			
减：营业外支出			
三、利润总额（亏损总额以"－"号填列）	4 020 000.00	4 620 000.00	3 670 000.00
减：所得税费用	1 005 000.00	1 155 462.00	917 867.00
四、净利润（净亏损以"－"号填列）	3 015 000.00	3 464 538.00	2 752 133.00